JN438398

칠보 십장생

김명동 에세이

오늘의문학사

■ 머리말

내가 누군 인가를 말하기에 그렇게 두려운가.

인생을 살면서 내가 진짜 누구인가를 속속들이 알고 사는 사람이 있을까. 우리는 누구나 어렴풋이 자기의 참 자아를 알고 그 목소리를 들을 때가 있다. 그때 그동안 부끄러움 없이 잘살아 왔는가. 뒤돌아보며 얼굴 붉어지는 때가 더 많았을 것 같다. 마음과 마음을 소중하게 여기며 누군가에게 얼마나 많은 웃음을 주었느냐도 생각해볼 시간이 필요하다. 우리의 삶도 보기에는 화려하거나 고달플 수도 있다. 하지만 모든 것이 자기의 노력이 쌓여서 행복과 불행을 나누는 것 같다.

내 스스로 행복하지 못하다고 느껴지는 것은 행복을 만드는 성을 제대로 쌓기 위해 노력을 하지 않았던 것 같다.

이 책을 내면서 아프고 고단하고 힘든 이야기가 쌓여있는 글이라 부끄러운 내 살아온 속내를 보이는 것 같아 접을까 많이 주저했었다. 하지만 누구에게나 시대적인 상황이 있고 지우지 못할 기억이 있으니 내 것도 펼쳐 보이기로 하며 붉어지는 얼굴을 외면하며 글을 책속에 옮겨 놓는다. 그리고 자꾸만 지워져가는 기억들을 더 지워지기 전에 꺼내 남겨놓을 수 있다는 행복도 느끼면서 삶의 허무를 지우고 살아있으며 누군가에게 무엇인가 줄 수 있는 날이 많기를 욕심내본다.

●●● **차례**

2 이틀만의 휴가

3 휴대폰과 농민

4 스님과 귀신 그리고 하느님

1

별이 되신 어머니

꽃 우산

비오는 날
우산 없이
처마 밑에
혼자 서있는
내가 왜이리.
쓸쓸해 보일까

— 졸시 「기다림」 전문

여름날 호랑이 오줌 같이 내리는 소낙비를 원망처럼 바라보며 기다림의 푸념을 해본다. 몇 걸음만 뛰어가면 자동차 트렁크에 가두어놓은 우산이 수두룩한데 그나마 비오는 날에도 풀어주지 않는 내가 때로는 건망증을 보태 놓은 것 같다.

초등학교시절 보자기에 싼 책들이 젖을까봐 뛰어가던 아이는 우산의 귀중함을 지금은 지워버리고 있는 것 같다.

색깔고운 우산, 레이스가 주렁주렁 달린 예쁜 우산, 초상집 상주들이 입고 있는 상복 같은 검은 우산, 쏟아지는 장대비가 머리를 적실 것 같은 투명한 비닐우산, 이렇게 많고 흔해빠진 우산이 내 학창시절에는 왜 그렇게 볼 수가 없었는지….

유년시절 학교와 집의 거리는 십여 리길 아침이면 늦잠을 깨우시는 어머님의 채근이 하루도 거르지 않으셨던 기억을 꺼내본다.

겨우 눈을 비비고 눈곱을 때며 샘터로 달려가 두레박 가득 우물물을 퍼 세숫대야에 붓고 얼굴을 담근다. 비누마저 귀한 몸이었던 시절 대략 대략 얼굴을 문지르고 보자기에 책을 싸가지고 허리춤에 질근 동여매고 사립문을 나선다.

"밥 먹고 가라!"

어머님의 목소리가 나지막하게 들린다. 밥 먹을 시간도 없었다. 동네 앞길은 텅 비어 있었다.

가쁜 숨을 몰아쉬며 논둑길을 달린다. 메뚜기들이 놀라 후드득 뛴다.

논둑 위로 놀로 나왔다가 도망가느라 정신없다. 가쁜 숨은 목까지 차오르고 교문 앞에는 규율부장과 당번선생님이 지각한 학생을 잡으려고 저만치서 오고 계신다. 아직은 지각이 아닌가보다 교실로 달려간 나는 책보에 쌓인 책을 풀어 책상 위에 놓고 숨을 크게 몰아쉰다.

그날 교실 창밖에 가을비가 주적주적 내리고 있었다. 수업 끝나고 집에 갈 걱정에 하늘이 원망스러웠다 옷이 젖는 것보다 보자기에 싼 책들이 젖을까 걱정이 앞섰다. 그렇게도 우산이 소중했던 시절, 돈도 우산도 귀하기만 했던 날들이 언제 있었던가. 잊어버리고 살고 있는 지금 모든 물건들이 그렇게 소중했는데 하는 생각을 하며 나는 트렁크 속에 우산의 외출을 외면하고 마트에 들어가 나팔꽃이 그려진 투명한 비닐우산을 삼천 원에 샀다.

나팔꽃 우산을 들고 건널목 앞에서 붉은 얼굴로 심술을 부리는 신호등이 푸른 신호등으로 바뀌지기를 기다리며 초등학교시절 교실 앞 현관에서 오지도 않을 누군가를 기다리던 시절을 생각한다. 다시 그때로 갈 수 있다면 나팔꽃이 환하게 그려있는 우산을 들고 집으로 가고 싶다.

마음의 편지

오늘은 그대에게
편지를 쓰고 싶다
해묵은 노란 봉투에
빨간 가을 단풍잎 그려있는
우표 한 장 붙이고
길을 떠나고 싶다
파란 하늘 아래
어딘가에서
사랑노래를 다소곳이 부르며
기다리고 있을
내 마음속 그리운 당신에게

부르릉! 빨간 오토바이 소리가 들리면 소식을 싣고 오는 집배원이 다녀가는가 보다. 그 소리가 끝나기도 전에 대문을 향해 나가본다.

오늘은 무슨 소식이 하얀 봉투 속에서 나를 기다리고 있을까.

아니면 두꺼운 책이 누런 봉투 속에서 배를 불룩 내밀고 내 시선을 기다릴까?

대문에 매달린 우편함이 커다란 입을 벌리고 두꺼운 책을 물고 있었다. 〈월간 문학〉 서울에 있는 문인협회에서 보낸 책이다. 그리고 하얀 봉투의 편지 두 장 그 속에 누가 마음을 담아 보냈을까? 분명 노란 우표가 붙어있고 멀리서 달려와 지친 모습으로 쭈그러진 몸으로 있었다. 어디서 누군가가 보내주는 기다리는 소식도 아니면서 으쓱대는 얼굴로 거만을 피운다.

언제부턴가 날마다 들리는 집배원의 오토바이 소리에 귀 기울여지는 건 세월 때문일까.

내 마음속에 기다림이라는 기대가 항상 나를 궁금증으로 유혹한다.

세월의 무게를 느끼면서 열심히 편지를 쓰고 소식을 보내고 싶은 마음, 어릴 적 떠나온 고향 마을에서 함께 어울려 보내던 유년시절 친구들, 그리고 산과 강 길게 늘어진 방천 둑에 망초 꽃에게까지 글을 보내고 싶다.

지금 세상 어디에서도 살아 숨 쉬지 않는 내 아버지. 가쁜 숨 몰아쉬며 신음하시던 어머님 계신 하늘나라까지 마음을 적은 편지를 띄워 보내고 싶은 마음이다. 불효한 자식의 아픈 사연을 적어 시리도록 파란 하늘 하얀 구름에 적어 보내면 읽어보실까.

예전처럼 편지를 보낼 곳이 많지 않지만 나는 오늘도 가게에서 우표를 산다.

그냥 이유 없이 어딘가 보내고 싶은 마음에 젖어 자신도 모르게 우표를 사면서 총각시절 친구의 펜팔을 대신 써주며 즐거워하고 크리스마스가 되면 수십 통의 카드를 하얀 눈처럼 수북이 쌓아놓고 보낼 곳을 찾던 시절, 친구의 사랑 편지를 대신 써주기를 수십 번, 그 친구는 사랑의 결실을 맺어 그 아가씨와 결혼을 하였다.

잊어버리고 살아 온 지 수년, 그 친구에게서 카드 한장이 날아왔다.

우체국에서 발행하는 연하카드였다 그래서 답장으로 詩 한편과 함께 그 친구의 집이 있는 평택으로 카드를 보내게 되었다.

그런데 그것이 잘못되었던 것이었다.

며칠 후 그 친구가 원망스러운 목소리로 전화를 했다.

"야!" 너 때문에 부부싸움을 해서 지금도 마나님께서 부어 있다!"

"왜 그래!"

그때 써준 펜팔 편지가 범인이다. 아뿔싸, 까맣게 잊어버리고 무의식중에 보낸 내 글씨 때문인 것이다.

아주머니가 지금까지도 내가 써준 편지가 자기가 함께 살고 있는 자기남편이 보낸 것인 줄 알고 있었던 것이다

친구 부인 왈, 당신의 글씨가 왜 친구에게서 날아오느냐 그 편지의 글씨와 사연에 반해서 당신을 좋아하게 되었고 결혼하였는데 속았다는 것이다. 마음속에 담겨 있던 그 시절 그 편지를 가슴에 담고 계셨던

것을 내가 깨어버렸던 것이다. 하지만 어찌하겠는가.

아이를 넷씩이나 낳고 사는 것을. 며칠을 말도 안 하더니 이제 아내의 마음이 풀어졌다며 전화를 했다.

그 시절에는 누구에게나 있을 수 있는 에피소드다.

지금도 마음이 시린 어느 날이면 가슴에 묻어둔 그리움을 꺼내 그대에게로 날려 보내고 싶은 글을 원고지에 깨알같이 쓰고 싶은 마음이 수북히 쌓여있다. 그렇게 편지는 우리의 아름다운 추억을 만들고 사랑을 다듬어주는 역할을 했는데 요즈음은 정이 가득한 시선은 사라지고 컴퓨터 메일 클릭으로 모든 것이 이루어지니 구시대적인 이야기 같지만, 그래도 손가락에 굳은살이 박히며 적던 흰 종이가 그리워지는 날이다.

별이 되신 어머님

오늘도 떠나시던 날처럼 천둥 번개가 내려치며 비가 쏟아 붓고 있습니다.

당신이 눈을 감으신 지 어느덧 수십 년이 되었습니다.

숨을 거두시는 순간 하늘은 왜 그렇게 소리를 지르며 천둥번개를 쳤는지 서럽게 살다 가신 것이 불쌍하셔서 다시 깨여나라고 그렇게도 고함을 치는데도 당신은 조용히 숨을 거두셨습니다. 무엇이 그리도 갈길이 급하셨는지 오십을 다 못 채우시고 하늘 길 따라 가시려하셨는지, 사시는 세월이 너무도 힘드셨겠지요.

해수병으로 목까지 차오르는 숨 막힘 때문에 여름날이면 온몸을 들먹이며 죽음에 문턱을 수없이 드나드셨으며 삶이 그렇게 아깝지 않으셨는지요. 조금 병이 나으시면 가족들 입에 풀칠하려고 두부공장 기술자로 일년 내내 간수물에 손을 담그셔서 곱던 손은 퉁퉁 불어 손가락 사이사이가 짓물러 주부습진으로 고생하셨다.

겨울이면 시리도록 찬물에 손이 얼어 겨울 내내 동상으로 고생하시면 서도 불평 한마디 없으시던 참 어머니의 모습이셨습니다.

일을 마치고 집으로 돌아오시는 길 언제나 손에는 비닐봉지를 하나 가득 공장에서 담은 비지며 두부 자르고 남은 조각들을 모아들고 오시면서 오시는 길목 친구네 들러 조금씩 나누어주시던 착하고 순하신 어머님.

세월이 흘러 자식 놈이 돈 번다고 집에서 쉬시면서 친구 집에서 드신 음식에 체하셔서 밤새 고생하시다 천둥 비바람 불던 그날 밤은 하늘도 울고 있었습니다. 늘 자식들 걱정에 음식이 목에 걸려 제대로 넘기실 수가 있으셨겠습니까. 끝내 하시고 싶은 말씀 한번 못하시고 짧은 생을 살다 가셨습니다.

첫손자 보던 날 너무도 좋아하시며 어쩔 줄 모르시다 당신의 실수로 예쁜 손자 녀석을 저 세상으로 보내고 앞산 양지 바른 곳에 묻어두고 돌아오신 후 웃음을 거두시고 늘 미안해하시다 손자 녀석 보낸 지 일 년을 억지로 넘기시고 하늘나라로 가셨으니 무엇이 그리도 미안하셨는지 자식보다 더 소중한 게 부모님이거늘 어찌 자식에 가슴에 또 다른 못을 박으셨는지 떠나시던 날 그 시간 천둥번개가 소리치고 강한 바람이 불어 창호지 바른 미닫이문이 넘어지며 여인이 아이를 안고 있는 모양으로 찢어졌으니, 조용히 눈을 감고 누워 계시는 어머님을 옆에서 지켜보시던 아버님이 말씀하셨다.

"이제 가서 자거라"

항상 숨찬 병으로 밤을 새우시는 것이 늘 있었던 일이라 자고 나면 괜찮겠지!

새벽 아버님의 부름에 눈을 뜨니 아버님 눈가에 눈물이 맺혀 계시면서 고개를 절래 흔드신다. 힘들고 숨찬 세상 을 버리고 편안한 세상으로 가셨다고 말씀하신다.

그곳이 그리도 편하신지 춥고 배고파도 그리고 아프고 힘들어도 저승보다는 이승이 낫다는데 자식을 바라보며 즐거워야 할 시간조차 만들지 못하신 가여운 내 어머니 지금쯤 하늘나라 어디에서 천사가 되셨겠지요.

당신 먹을 게 없어도 온 동네 나누어주시던 그 손길, 겁이 많은 큰 눈에는 자상함이 담겨있고 언제나 말이 없으시던 어머님.

하늘 어느 곳에 별로 떠서 두고 간 자식들 위해 불 밝히고 계시겠지요.

지금은 좋은 약 좋은 의술로 당신의병을 고칠 수도 있는데 돌아오실 수는 없는지요.

지금이라도 어머님 계신 하늘 향해 좋은 약 약탕기에 올려놓고 달이면 냄새라도 맡으실지. 쓰고 또 써도 다 못 쓸 어머님 이야기 여러 자식 키우는 아비가 되니 어머님 그 넓은 가슴이 그리워집니다.

어머님 떠나신 후 태어난 큰애가 시집을 갔습니다.

제사를 지내기 위해 찾아오는 손님들을 위해 풀을 끓여 방에 도배를 했더니 삼일도 안 된 아이는 온몸이 거품처럼 피어올라 이웃에 있는 무녀를 불러 빌고 머리를 잘리고 손톱도 잘라 벌을 서고 나서야 아이의 몸에 난 거품 같은 방울이 귀신 곡할 노릇같이 없어지는 진풍경도 있었습니다.

어머님 떠나신 지 수십 년이 흐른 지금 이제는 당신의 모습이 기억 속에서 희미해져 갑니다.

제 나이가 어머님 떠나신 나이보다 훨씬 많아졌습니다. 그래도 언제나 제 마음속에는 당신의 모습이 크게 남아있습니다.

부디 이 세상이 있는 당신의 자식들에게 밝은 빛을 뿌려 주십시오.

인연도 친구

대천에서 행사를 마치고 나는 휴대폰을 들고 전화를 하고 있었다. 행사장에서 마련해준 숙소로 가라는 이야기를 뒤로하고 전화를 하는 나 자신도 조금은 부담스러운 마음 이였다 전화 속의 목소리가 기다렸다는 듯이 들렸다.

"형님 왜 안 오시는 거요?"

방에 군불을 넣어놓고 기다리는데 온기가 멀리까지 느껴지는 것은 마음이 따뜻한 그들 부부의 훈훈함이 때문이다.

어두운 밤길이라 지름길도 있지만 조금은 돌아가도 아는 큰길로 가기로 했다. 어둠속에 숨어있는 그림들은 돌아오는 길에 보기로 하고 한참을 달려가니 "홍성"이라는 이정표가 기다리고 있었다.

홍성 톨케이드에서 요금을 내고 국도로 들어섰다 자정이 넘은 밤중인데도 여기저기 불을 켜고 있는 가게들이 보인다.

아무리 친구지만 빈손으로 갈 수 없어 가게로 들어섰다 해변이 가까워서인지 낚시도구와 함께 과자류를 파는 상점에 들러 그가 좋아하는 과자를 주섬주섬 봉지에 주워 담아 길을 재촉했다. 너무 늦게 찾아가는 미안함도 잊은 채 길을 재촉하고 있었다.

어둠 속을 달리다보니 바다인지 논인지 알 수가 없이 도로위에 그어진 황색 선을 따라가는 것뿐이다. 어둠 속에서 환하게 보이는 커다란 간판을 발견하고 차를 세웠다.

간척사업을 하면서 물막이를 하기 위해 큰 배로 물을 막고 공사를 했다는 설명을 적은 게시판. 이 넓은 바다를 가로막아 농토를 만든 그 회장님을 생각하니 사람의 힘이 그토록 위대하게 느껴지며 지금은 가고 없는 그분의 인생무상이 와 닿는다.

어둠에 가려져 보이지 않는 간월도 간월암 스님의 목탁소리가 밤바다 파도소리 속으로 묻혀 잠드는데 밤은 셀 수 없이 깊어만 가고 자동차 엔진소리만 요란하게 들린다.

멀리 안면도 이정표가 화살표를 그으며 손가락질하는 곳 안도의 한숨이 나도 모르게 쉬어진다. 목적지가 가까워진다는 느낌에 긴장이 풀리고 온몸이 뻐근하게 저려온다 나이는 못 속이는가 보다.

얼마 전만 해도 며칠을 운전을 해도 별로 피곤함을 못 느꼈는데 흐르는 세월을 어떻게 잡을까.

화살표를 따라 얼마쯤 왔을까 다시 불빛에 비치는 파란 얼굴 이정표에 쓰여진 이름 영목. 영목은 안면도 끝에 있는 항구다. 가는 길목에 있는 친구네 마을에서 벌써 친구가 내 목소리를 듣고 있는 느낌이다.

마을 어귀에 들어서니 낯익은 건물 마을 회관 그리고 비닐하우스 속에 수없이 많은 까나리 액젓 통들이 기다렸다는 듯이 검은 몸뚱이를 뽐내고 있었다.

집안에 불이 켜져 있다. 시간이 자정이 넘었는데도 불을 켜고 기다리는 친구! 자동차 소리에 한걸음에 달려 나오는 두 사람 목소리가 내 집에 온 느낌이다.

"늦었네요."

따뜻하게 불을 피워놓고 기다리는 그들의 마음이 나를 감동시킨다. 무엇인가 먹을 것을 주려는 아주머니의 마음을 읽으며 아랫목에 깔아 놓은 이불 속으로 들어갔다.

붉은 황톳길 따라
바다가 옆에 있는
누군가가 큰 힘으로 내려놓은 땅을 지나
달려간 넓은 섬
그 속에
섬보다 넓은 마음을 가진 사내가
고향처럼 나를 반긴다
비릿한 바다 냄새가
몸 속에서 풍기고
입가에는
예전처럼 변함없는

순박한 웃음이 풍겨 나온다
까나리 액젓처럼 비릿하고 구수한 냄새가
내 코를 잡아당긴다.

— 졸시 「안면도 친구」

인정 많고 따뜻한 목소리를 들으면 고향집 아랫목에 앉아있는 푸근함에 젖는다.

"형님 잘 자요"

보일러시설이라 아랫목이 없는 방을 그는 이불 밑에 손을 넣어보며 "따뜻하네요" 하며 문을 닫고 나가는 그의 뒷모습에서 아버지 같은 훈훈한 느낌이 가슴을 적신다.

어느 핸가부터 소식이 캄캄 전화를 수없이 해도 통화가 되지 않아 궁금하던차 예전에 함께 갔든 친구가 그곳을 들려보니 작년에 그 친구가 이 세상을 떠났다고 하드라는 얘길 들려주는 순간 진정 내가 그의 진실한 친구였나 소식이 없으면 한걸음에 달려 갈수도 있었는데 내 삶이 바쁘다는 핑계로 소식도 물어보지 못한 놈이 어찌 진정한 친구라고 할 수 있겠는가. 할 말을 잃어버릴 만큼 못난 친구.

지금은 이 세상에 있지 않은 사랑하는 친구의 모습이 자꾸만 가슴을 찢고 있다.

제비꽃

햇살이 진종일 내려 쬐는 마당 나무 계단 사이에 외롭게 혼자 핀 보랏빛 제비꽃 한 송이가 있었습니다. 누군가를 기다리는 마음으로 찾아오는 사람들에게 언제나 반가운 얼굴로 맞이하고 돌아가는 이들에게 바람 불러 꽃잎 흔들며 배웅하고 '안녕히 가십시오. 다시 오십시오.' 나를 대신해서 내 마음을 전하던 꽃이었지요.

사람들이 오르내리는 계단이라 혹시 무거운 발자국에 밟히지나 않았는지 누군가 색깔이 예쁘다고 꽃을 꺾지나 않았을까. 항상 불안한 생각에 시간이 있을 때면 문을 열고 확인을 하였습니다.

하찮은 꽃일지라도 생명은 소중하기에 그리고 메마른 틈새에서 꽃을 피우고 있다는 것이 너무도 애처로워 보였다.

그렇게 조바심 나는 마음으로 지켜주고 있었는데, 보람도 없이 어느 생각 없는 사내의 손에 안타깝게 목 잘린 보랏빛 꽃이 눈물을 흘리면서 나를 바라보고 있었다. 나도 모르게 참을 수 없이 화난 얼굴로 그 사람을 바라보면서 눈물을 글썽 그렸다. 그리고 '아저씨 '불쌍한 꽃을 꺾어 시면 어떻게 합니까? 너무 아프다고 소리치고 있잖아요. 꽃의 눈물을 좀 보세요 영문 모르는 그분에게 설명을 하니 그 분도 미안해 어쩔 줄 몰라 하시며 미안하다는 말을 수없이 하신다.

그대여
당신은 발아래
허우적이는
작은 풀잎의
고통을 짓밟지 마라
새싹으로 태어날 때는
그도 하얀 햇살의
입맞춤을 받아 마시며
저 넓은 하늘을 향해
소리치고 싶었으리…

안타까운 마음이 지워지지 않기를 몇 날이 지난 후 놀라운 일이 일어나고 있었다 그 꽃이 떨어진 자리에서 다시 작은 새 꽃이 피고 있었다. 자연이 준 귀한 선물 앞에서 나는 나도 모르게 흥분해서 마음속으로 소리를 지르고 있었다.

새끼 꽃이 피고 있어요. 빨리 와보세요.

안타까운 내 마음을 알았는지 먼저 핀 꽃보다 작고 조금은 연약해

보이는 보라 빛 꽃이 피여 있었습니다. 너무도 반가운 마음에 눈물이 왈칵 솟구쳐 눈시울 을 적셨습니다. 그리고 큰소리로 "고맙다" 다시 피어 고운 빛깔에 꽃을 내게 보여주어서….

생명의 끈은 질기고 소중하다는 것이 가슴에 와 닿는 느낌에 마음이 흐뭇했습니다. 작은 식물이지만 그래도 누군가가 아끼고 소중하게 생각해주니 다시 꽃을 피워 그 사람을 기쁘게 해주려는 모습이 너무도 고마웠습니다. 그리고 오래도록 내 옆에서 내 시선을 받으며 피어 있기를 바라는 마음입니다. 아주 오래도록 말입니다.

줄 대문

가을의 마지막 잎새가 노을에 물들어 고운 옷 갈아입은 저녁시간 노을 뒤켠에 숨어있던 어둠이 달음박질로 달려 나오고 있었다.

자동차 전조등 불빛을 앞세우고 식장산 모퉁이 돌아 세천 막걸리냄새가 정겨운 고개를 넘어 세천 삼거리 "이리 갈까 저리 갈까 세 갈래 길 삼거리에" 김상진의 노랫소리를 떠올리며 〈회남〉이라는 이정표가 걸려 있는 길로 들어섰다.

가끔 친구들과 모임을 갖기 위해 방아실이라는 곳을 자주 다녀봐서 낯설지 않은 길인데 오늘따라 새롭게 느껴진다. 띄엄띄엄 음식점 간판들이 제 이름을 쓰고 불을 밝히며 길을 안내하고 있었다.

뱃속에서 "꼬르륵" 소리가 나는 것은 음식점 간판 때문일까?"

희미한 불빛 속에서 길을 찾으며 삼거리를 지나니 어둠이 더욱 낮게 가라앉아 상향등을 켰다. 순간 불빛에 비취는 아름다운 나목들이 작은 가지를 흔들며 요념 서러운 자태를 뽐내고 길가는 이를 유혹하며 잎새를 흔들며 반겨주고 있었다.

호수를 끼고 돌고 돌아가는 길이 몇 킬로미터쯤 왔을까? 보이지 않는 어둠 속의 세상, 잠시 생각에 잠겨 있다가 먼 곳을 보니 저만치 보이는 예쁜 간판의 식당 촌.

시상(詩想)이 떠오르지 않을 때는 가끔 회남 가는 이 길을 지나며 이런 곳에 식당 촌이 있었구나 생각만 할뿐 스쳐지나가던 곳인데, 오늘은 핸들을 좌회전 해보았다. 다시 시선이 와 닿는 곳 빨간 간판 속에 불을 밝히며 이름을 뽐내는 노란 글씨 누군가 기다리는 이가 마중 나온 듯한 느낌을 받으며 마음속으로 찾아왔던 길을 내려가고 있었다.

"소달구지 덜컹대는 길, 시골길은 마음에 고향"

임성훈의 하나밖에 없는 히트곡 시골길 노래가 입안에서 흥얼거린다. 마음속에 향수를 싣고 달려가는 길이다 .

모퉁이 돌고 돌아 어머님이 흰 고무신 신고 반갑게 마중 나오실 삽작문이 보일 듯한 아늑한 그리움의 추억이 살아 물안개 속에 잠들고 있는 곳….

호수가 보이는 넓은 광장 한쪽 어디에도 대문은 보이지 않고 내 시선에 와 닿는 곳에 검은 줄이 내 앞을 가로막는다.

어둠속 달빛이 내려와 불 밝히는 곳에 가로 그어진 줄.

혹시 나무작대기를 걸쳐놓았나?

제주도 사람인가?

차에서 내려 그 줄의 정체를 확인하고 싶었다.

순간 나는 웃음이 터져 나왔다.

대문이다. 양쪽에 쇠기둥을 나지막이 세우고 굵은 쇠줄을 가로 질려 자물쇠를 달아놓은 대문이었다.

내 느낌에 주인의 마음이 와 닿는다. 답답한 가슴을 울타리 없는 곳에 담고 싶어서인가보다. 햇살도 바람도 벌래도 강아지도 모두 다 지나가고 큰 괴물 자동차만 이 밤에는 들어오지 마세요. 아니면 아무도 없으니 돌아가시오.

이 밤은 자신의 성(城)을 지키며 새들과 바람소리와 나무들과 어울려 살고 싶은 사람인가?

대문 뒤로 보이지 않는 멀리에 있는 보금자리에 단꿈을 꾸는 주인을 깨워보고 싶은 충동을 참으며 자동차 불빛을 돌리고 있었다. 모든 것을 숙제로 남겨두고, 그냥 돌아갈 수 없어 노트를 꺼내들고 달빛이 빠져 불 밝히는 호숫가에 내려가 어둠으로 덥힌 검은 호수를 보며 시 한 줄 적으려고 언제나처럼 팬을 꺼냈다.

내 마음도 꺼내 어두운 물속에 담그며…

그곳에 가면
파란 물살이
노래를 부릅니다
부르지 안아도 달려오는
바람이 있습니다.

봄이 되면
하얗게 뿌려지는
꽃잎이 눈처럼 내려와
길 위에 하얀 비단을 깔아 놓았습니다.

노란 개나리
시샘의 눈길로
내 눈 속을 물들이고
모퉁이 돌아서면
빨간 미끄럼틀에
그림처럼 아이들이 놀고 있습니다.

그곳에 가면
너른 마당에 꽃들이
부끄러움의 눈길로 나를 훔쳐봅니다.

행여 시선 돌리는 눈길을
탓하고 있습니다.

그곳에 가면
분홍빛 복숭아꽃
열매 맺으려는 욕심의 눈빛이
나비를 불러오고

진한 자목련 몸 비틀며
붉은 꽃잎으로 당신을 유혹하려고 합니다.

그곳에 가면
음악 소리 속에 따뜻한 茶의 향기와
손끝 매운 맛깔스런 음식
그리고 부드러운 손길이 있을 것 같습니다.

무엇인가 담고 돌아갈 수 있는 마음은 흡족했다.

호수의 달도 담고. 내 마음의 그리움도 담고. 달빛에 비치는 은빛구슬이 굴러오는 미동의 물결의 노래도 담고, 띄엄띄엄 가로등 불빛이 하루살이 놀이터를 만들어주는 길을 돌아 가로수 잎새가 자동차 불빛에 눈 가리며 바람을 부르는 길.

비록 혼자이지만 누군가와 함께 가는 느낌을 준 빨간 입간판 그리고 줄 대문 그 속에 숨어있는 성(城)의 주인. 모두 담고 가는 길은 혼자가 아니었다.

아름다운 세상

손숙 배기완 님 안녕하십니까?

뜨거운 불화살로 쏟아지는 두려운7월 무더위입니다.

두 분의 다정한 목소리에 답답한 가슴 풀어 헤치는 시를 쓰는 오십 대 중반의 사내입니다.

아름다운 세상 넓은 시간 중에 작은 공간을 만들어 한편 시 낭송을 두 분의 좋은 목소리로 읽어주는 시간이 있었으면 합니다.

이 이야기는 SBS서울 방송 아침 손숙 배기완의 〈아름다운 세상〉 라디오 방송 이산가족 찾기 시간 중 내 시(詩) 귀향(돌아가리라) 방송을 위한 이야기이다.

"안녕하십니까? 아름다운 세상에 손숙 배기완입니다. 베이비복스의 노래가 끝나고 "대전에 사는 시인 김명동 님이 보내주신 두 편의 詩중에 이산가족의 이야기니까 "돌아가리라" 를 읽읍시다."

손숙 씨가 낭송을 한다. 사실은 글을 보내며 PD와 약속은 내가 직접

낭송을 하기로 했는데 사정이 여의치 못 했던 것 같았다. 두 사람이 번갈아 가며 내 글을 읽는다.

이제 남과 북이 만나고 고향을 찾을 수 있고 보고 싶은 부모 형제를 만날 수 있는데 이승에 계시지 않는 부모님을 그리워하는 마음 이제는 그 분들이 부럽습니다.

고향은 언제나 어머님 가슴처럼 따뜻하고 아지랑이 피는 내 고향 방천 뚝에 점박이 얼룩소 소리 내어 울어대는 곳. 고향을 그리워하는 이야기이다.

앞마당 뜨락에 멍멍이 꼬리치며 뛰어 노는 곳. 화사한 햇살이 뜨락 위에 가지런히 얹혀 졸음 오는 눈을 비벼대는 내 고향. 고향을 떠난 모든 이 들이 그리워하는 마음의 품속이지요. 지척에 둔 고향을 돌아가지 못하는 아픔 이산가족의 아픔이겠지요.

보리밭 사이로 길은 누워있고 고향으로 손짓하는 아이는 그 시절 앞마당에 늘려있는 그리움에 울고 있습니다. 〈고향길〉의 일부분을 읽고 있었다. 지금은 헤아릴 수 없을 만큼 서리 가 내린 머리칼 그래도 그 마음속에는 어린 시절 활동사진이 필름을 돌리고 있겠지요. 긴 밤을 하얗게 새우며 좋아하는 모습들 고향에 그리움 때문이겠지요.

'어릴 적 내가 벗어 놓고 온 검정 고무신 한 컬레 아직도 그곳에 남아 얼마나 많은 그리움을 담고 있는지! 읽어 내려가는 이야기가 끝나고, 손숙 님이 이야기를 한다. 김명동 님이 보내주신 "이땅의 하늘"과 "돌아가리라" 중에 "돌아가리라"를 낭송한단다. 배기완 아나운서는 손숙

님에게 읽으라고 한다. "내가 읽어요?" 그는 반문하며 "제가 읽겠습니다." 낭랑한 목소리로 읽어주는 손숙 씨의 목소리가 젖어있었다

나 돌아가리라
절룩거리는
삼 등 열차 타고
피다만 코스모스 어깨춤
어설프게 바라보며
돌아가리라
코흘리개 아이
엄마 등에 업혀 떠나왔던 그 곳으로
나 돌아가리라

피멍든 가슴은
그리움에 아픈 난도질하고
누렇게 색깔 변한 흑백사진 속에
아버님 모습 어머님 얼굴
이리 저리 구겨지고

가다가 숨이 차서 못 가는가
이 가슴 응어리를
어찌 풀라 아니 가는가

하늘 위로 날아가고픈 기적소리
각혈하며 울어대는데

어이 들리지 않는가 그 목소리가

나 돌아가리라
내 눈물자국 흘린 그곳
나 태어난 그곳으로
돌아가리라

—졸시 「돌아가리라」 전문

약간 울먹이는 음성으로 시 낭송을 마무리하면서 그는 이런 애절한 시를 보내주신 김명동 시인님은 한국문인협회 회원이시고 책도 여러 권 내신 분이라고 이야기하며 고맙다는 인사를 여러 번 한다.

이산가족은 이제는 북에서 남에서 만나고 해어진다. 얼마나 좋은 일인가 조금은 서운하지만 만날 수 없었든 시절을 생각하면 다행한일이다

"나 돌아가리라."

코스모스 가는 허리 흔들며 반겨주는 곳. 나를 반기는 사람은 보이지 않아도 산과 들이 기다리는 곳으로 돌아가리라. 헤아릴 수 없을 만큼 세월이 흘러가고 남과 북은 서로 얼굴을 맞대고 이야기를 나누는 시점에 와 있으니 얼마나 다행한 일인가.

첫 사랑

60년대 후반 춥고 배고픈 시절의 역 앞 골목길 한 모퉁이.

"놀다가세요!"

"쉬었다 가세요!"

휘황찬란한 네온사인이 거리의 가로등을 덮으며 번쩍거리는 역전 광장 뒷골목, 늙은 여인은 치근대며 따라와 쉬었다 가라며 길을 가로막는다. 술 취한 어느 사내가 어두운 골목길로 숨어들어가며 여인을 따라간다.

"아저씨 이쁜 여자 있어요, 쉬었다 가세요."

늙은 호객꾼 여인은 어둠 때문에 보이지 않는 얼굴을 감추고 자꾸 길을 막는다. 지금은 사라져버린 환락가인 정동 4번지 늙은 창녀가 한 끼의 굶주린 배를 채우기 위해 옷을 벗고 사내를 받는단다.

젊은 아가씨들이 좁은 골목길에서 의자를 놓고 다리를 꼬고 앉아 허연 허벅지를 내놓고 사내를 유혹하던 시절을 되돌려 보려는지 그 시절로 돌아간 나는 지그시 눈을 감는다. 주마등처럼 스쳐가는 젊은 시절 이야기가 활동사진을 돌리며 돌아간다.

"야, 오늘 한잔 하러 가자."

친구 녀석이 집으로 찾아와 저녁에 막걸리 살롱으로 막걸리 한잔 하러 가자는 그의 속내를 알면서 못이기는 척 "그래 알았어." 대답했다. 어둠이 내려 앉아 거리의 그림자가 지워질 무렵 두 사내는 그 술집 앞에 서 있다. 술집 무대 위에서는 어느 무명의 여가수의 애절한 노랫소리가 들린다.

여기저기 테이블에는 자지러지는 웃음소리 속에 맥주병에 막걸리를 담아 마시며 기분을 내는 취객들과 아낙의 웃음소리가 음악소리 속으로 묻힌다. 술 취한 그들의 마음속에는 형언할 수 없는 쾌락이 있을까? 무대에서는 통기타를 들고 악사가 분위기를 고조시키고 남과여는 브루스 음악 속에 몸을 맞대고 사랑 없는 흥분을 끌어올리고 있다.

앞에 앉아있던 친구가 잠시 자리를 비우고 무대 쪽으로 가서 누군가와 귓속말을 건네고 자리로 돌아와 씨익 웃는다. 여자를 부른 걸까? 잠시 후 아름다움이 넘치는 중년의 여인이 다가와 인사를 건네며 정중하게 말을 건넨다.

"노래 좀 부탁드릴까요."

영문도 모르고 눈이 둥그레진 나에게 여인은 다시 말을 건넨다.

"얘기 들어서 알고 있습니다. 한곡 부탁드립니다."

친구가 자리를 비우고 가서 이야기 한 내막을 알 것 같다. 친구 녀석은 앉아있는 내 등을 떠밀며 재촉을 한다. 자리에서 일어나 여인을 따라 무대 쪽으로 가자 사회자는 멋들어지게 소개를 한다.

숨어있는 가수, 가수보다 노래를 더 잘하신다는 분을 소개 하겠습니다. 무대 위로 올라간 나는 고개 숙여 인사를 하자, 취객들은 소리를 지르며 환영을 한다. 늘 틀에 박힌 밤무대 가수의 노랫소리에 지쳤는지 기타 속에서는 배호의 안개 속으로 가버린 사람의 반주가 흐른다.

눈을 지그시 감은 나는 굵은 저음의 목소리로 "사랑이라면 하지 말 것을   처음 그 순간 만나던 날부터…"를 불렀다.

무대 앞에서 서로 껴안은 남과여가 음악에 취해 블루스를 추고 있다

"외로운 시련 그칠 줄 몰라 가슴 깊은 곳에 참았던 눈물이 야윈 두 뺨에 흘러내릴 때 안개 속으로 가버린 사람…"

노래가 2절까지 끝나자 노래에 취해있던 그들이 소리를 지른다.

"앙콜. 앙콜"

박수소리가 끝나지를 않는다. 술 취한 자들의 귀가 잘못 되었는가? 내가 그렇게 노래를 잘했는가. 이야기 해주지도 않은 반주가 다시 흐른다. 귀에 익은 배호의 '누가 울어'다. 다시 노래는 시작되고 그렇게 부른 노래가 다섯 곡이다. 자리로 돌아온 나에게 친구가 따라주는 그라스에는 막걸리가 아니고 시원한 맥주가 거품을 토하며 넘쳐나고 있었다. 중년의 여인은 다시 내게로 와서 칭찬을 하였다.

"노래를 어떻게 그렇게 잘하세요. 배호보다 더 잘하시는 것 같아

요. 그리고 잘생기고 멋있는 남자네요."

입에 발린 칭찬이지만 듣기 싫지는 않았다.

"언제든 술이 드시고 싶으시면 오세요. 환영합니다."

그 이후로 친구 녀석은 비오는 날 술 생각만 나면 나를 조른다. 어느 날 무대에서 노래를 부르고 내려온 테이블엔 예쁜 여자 한 명이 앉아 있었다. 친구 녀석은 인사를 시키며 좋은 여자라며 그리고 자기가 사랑하는 사람이라고 이야기를 한다. 그 시절 삶의 고통이 심한 시절 여자는 꿈에도 생각 못하던 때인데 그 녀석은 참 용하다.

혼자 속으로 중얼거리며 잠시 삶에 고통을 잊어버리고 여인의 모습 속에서 내 사랑 그림을 그려보았다. 등을 치는 그의 소리에 놀라 생각을 멈추고 바라보니 "노래 한곡 더해라 이친구도 듣게." 내가 일어서자 다시 반주가 들려온다. 시킬 것도 없다. 블루스 곡으로 이제는 남일해의 '추억의 오솔길'이다.

이 노래로 라디오 방송만 하던 시절, 내가 노래자랑 연말 결선까지 간곡인데 기타를 치는 악사가 나중에 들은 이야기지만 배호와 남일해 같은 저음가수를 좋아한다고 일러준다.

"지난날에 있었네./ 내 가슴에 지금은 없는 그 사람/ 뚝뚝 낙엽이 떨어져 갈 때/ 나는 울었네. 오솔길에서 나는 불렀네. 돌아오라고/ 그러나 지금은 없는 그 사람."

박수소리 뒤로 내 노래가 들리는 듯 다시 기울이는 맥주 잔속에 아쉬움을 담고 돌아온 후 며칠 동안 난 지울 수 없는 여인의 향내가 콧속에서 사라지지를 않는다.

며칠이 지난 후 친구의 부름에 짜증이 났다.

"야, 너 재미 보는데 들러리 그만 할란다."

그러자 그 친구 왈 오늘은 너 들러리 서려고 한다며 나를 잡아당긴다. 내 들러리 설 일이 무애 있어. 괜히 저 좋으려고 나를 데리고 갈 테지 마지못해 따라나섰다. 웬일인지 오늘은 막걸리 살롱을 지나 굴다리 시장 길로 간다. 여기저기서 젊은 여인이 부른다.

"쉬었다 가세요. 놀다가세요."

이 녀석이 내가 조르니까 여기서 해결하라고 선심 쓰는 것인가.

나는 아직 이곳에 여인들과 살을 맞대보는 일을 하지 않았으니 조금은 불쾌한기분이었다.

"야 , 어디 가는 거야?"

"따라와."

앞서가는 그의 발자국이 빨라진다. 역전 옆길 담장에 붙여지어진 판자촌 그곳이 윤락녀들이 사는 집들이었다. 한참을 가던 그가 발걸음을 멈춘 곳은 역전 다방 여기에 올 것이면 큰길로 오지, 그 녀석은 나에게 예쁜 여인들의 허벅지라도 보라고 그 길을 택했는지 궁금했지만 나중에서야 그의 마음속을 알 수가 있었다.

그곳에는 그의 애인이라는 여자와 수려하게 생긴 긴 머리의 아가씨가 앉아 있었다.

"야, 인사해. 이 사람 친구야."

"안녕 하십니까?"

손을 내밀자 여인은 고개를 숙인 채 하얀 손을 내민다. 무언의 인사다.

"쑥스러워 하기는…."

함께 온 그녀의 친구가 그녀를 바라보며 말을 던진다. 아름답다, 아니 수려한 학의 모습이라고 할까. 찻잔 속의 향기가 그녀의 향내 때문에 느껴지지를 않는다.

옆에서 바라보던 친구가 소리쳤다.

"야, 정신 차려!"

그 말에 정신을 가다듬고 나는 찻잔에 손을 가져간다.

"할 얘기 있으면 서로 해봐."

그러면서 두 사람은 다른 자리로 옮겨가려고 한다. 할 이야기가 없었다. 그녀는 어떤지 몰라도 나는 할 말이 없었다. 그때만 해도 착한 사내였으니까.

"이름이 무엇입니까?"

"주 양이예요!"

"어느 동네 사세요?"

대답이 없다.

"죄송합니다! 처음부터 이런 것을 묻는 게 아닌데 무슨 신원 조회하는 경찰관도 아니면서 첫날부터 이런 물음을 하다니…."

"차츰 알게 되실 거예요. 알면 실망하실 거예요."

그녀는 수수께끼 같은 말을 남긴다.

찻잔 속에서 피어오르던 연기가 사라질 때까지 서로의 시선은 고정이 된 채 침묵이 흘러가고 있었다. 검은 머리 결 사이로 보이는 붉으래한 귓불이 예쁘다.

"우리 사귀어볼까요."

가슴에 담은 이야기 나누며 묻고 있는 나는 가슴이 두근거린다.

그녀의 대답이 궁금한 시간이 흘렀다.

"저 같은 사람을…."

말끝을 흐리는 그녀.

"사람이 어때서요. 사람의 종류는 많지만 모두가 같은 것입니다.

잘난 사람 못난 사람 보다 마음이 따뜻한 사람이 좋은 사람이지요."

"고맙습니다."

그녀는 고개를 숙이며 그러자고 대답을 한다. 얘기가 끝나는   것을 느낀 친구와 애인이 다른 자리에서 돌아오며 물었다.

"잘됐어?"

그 말에 여인은 입가에 미소로 대답을 한다. 그렇게 기억 속에 묻고 사는 아름다웠던 내 첫사랑 이야기는 시작이 되고 있었다.

아쉬움으로 가득한
지난 일기장속에
굵은 줄을 그어놓은 그대
붉은 빛깔로 접혀있는

내 마음의 책 갈피 속에서
아직도 멍을 들이고
세월을 접어며 흘러가고 있다

그날 이후 우린 자주만나 데이트를 하며 세상이야기도 하고 가끔 그 술집에 가서 노래도 부르고 삶에 지친 내 영혼을 즐겁게 하고 있었다.

그녀도 그런 느낌이었다. 그녀는 모르지만 난 행복한 날들이었다. 그러던 어느 날 그녀는 처음 만났을 때 '차츰 알게 될 것입니다 나 같은 사람이요.'라고 한 말의 진실을 털어놓는다. 시작은 이렇게 시작되고 있었다. 자기는 윤락녀라는 것이다.

부모님과 형제들을 위해 이 일을 하고 있단다. 그 순간부터 나의 놀라움보다 그녀가 어깨를 들썩이며 말을 이어가지 못하고 우는 울음소리가 더 안타까웠다. 나도 모르게 그녀의 등에 손을 얹고 달래고 있었다. 세상은 참으로 공평하지 못했다. 하기 싫은 일을 억지로 해야 하는 그 아픔이 얼마나 찢어질까.

철이 없었는지, 가슴이 넓은 척 하는 건지, 진실이었는지, 나는 그녀를 사랑하기로 했다. 더 이상은 말하지 말라고 입을 막았다. 그날 이후로 여자의 얼굴에는 웃음이 없었다. 한동안 소식이 없었다. 다시 소식을 들을 수 있었던 것은 친구 손에 들려 보내준 작은 선물과 긴 사연의 편지였다.

"당신을 위해 떠나야 합니다. 저도 사랑했습니다."

영화 속 이야기 같은 글, 그날 이후 친구가 일러준 그녀가 살았다는 판잣집은 텅 비어 있었다. 한동안 열병을 앓고 난 나는 삶의 길 위를 무심하게 걸어가고 있었다. 지금 내가 쓰는 그리움의 글 뒤에 그녀가 있었다. 첫 느낌을 만들어준 사람으로….

네 살의 기억

할아버지의 담뱃대 두드리시는 소리가 사랑방에서 뛰어나와 안방 문을 열고 요란하게 들린다. 땡땡땡.

어린 네 살배기 손자를 부르시는 소리다 아직 철이 없는 손자에게 가르치고 싶은 게 많으신 늙은 할아버지가 기침소리로 다시 채근을 하신다. 아이는 귀찮다는 표정으로 엄마를 바라본다.

엄마의 표정은 안쓰럽지만 할아버지의 노여움이 크실까봐 빨리 가라 등을 두드린다. 마루를 기어서 사랑방 문을 열면 작은 탁자 위에 천자문이 펼쳐져 나를 기다린다. "어서오너라." 할아버지는 남은 인생을 어린 손자에게 천자문을 가르치고 싶으신 것이다. 탁자 앞에 무릎을 꿇고 앉은 어린 손자가 천자문을 읽는다.

"하늘 천. 따 지. 감을 현. 누루 황…."

책을 읽고 있는 손자가 대견스러워 미소를 짓고 계신다. 천자문을 한권 다 읽자 무릎 위에 앉혀놓으시고 물으신다.

“얘야! 너 어디서 태어났니.”

”하늘에서 떨어졌어요.“

그렇게 대답하는 손자가 귀여우신지 벽장을 열고 숨겨두셨던 곶감 하나를 꺼내 손에 들려주신다. 옛날 어른들은 반상의 위치를 중히 여기셨다.

“너는 안동 김씨 무슨 파 몇 대손 이니라.”

말씀을 귀에 박히도록 하신다. 안동에는 삼태사가 있는데 안동 권씨 안동 김씨 안동 장씨가 있단다. 이 세 가지 성씨를 삼태사라고 부르며 고려시대 임금의 스승이셨다는 말씀을 들려주셨다.

이후 천자문과 양반의 예의범절을 가르쳐주셨다. 그 천자문 외우기 때문인지 부모님께서 좋은 목소리를 만들어 주셨는지 지금 시 낭송을 하고 제자를 가르치고 있으니 고마울 뿐이다.

그렇게 훌륭하셨던 할아버지께서 팔십 여세 되는 해에 임종하셨다. 장맛비가 쏟아지는 여름날로 기억되는 어느 날, 황토빛 물이 냇가를 넘실대며 흐르고 상여 위에 누워 하늘길 가시는 것을 어린 네 살배기 나이의 아이가 기억하고 있었다.

“어허 어화 어허이 어화!”

그렇게 할아버지는 뒷산에 누워 지금은 당신이 가신 나이를 따라가는 손자를 걱정하시겠지.

“하늘 천, 따 지, 감을 현, 누루 황….

품바

봄 햇살이 따갑게 내려 쬐며 흙먼지를 만들고 있는 묘목행사장 여기저기 시끄러운 소리가 범벅이다.

삶의 수족관 속에 갇힌 듯한 젊은 사내가 젖무덤도 없는 가슴을 브래지어로 불룩하게 만들고 누덕누덕 기워진 색동저고리를 입고 다리에 숭숭하게 난 털을 숨기려고 검은 스타킹 위에 걸친 미니스커트 속으로 불거진 생리대 없는 사내의 심벌이 불룩하게 보인다.

품바의 사내는 온몸에 붙어있는 삶의 고달픔을 털어버리려고 음악소리에 맞춰 엉덩이를 흔들어 된다. 찝찝하게 아무렇게나 바른 화장한 얼굴 시뻘건 립스틱 사이로 흘러간 노래가 구슬프게 흘러나온다.

누구의 노래인지도 알 수 없는 품바의 시린 애환을 담은 노랫소리가 행사장 구석구석을 누비며 아픔인지 즐거움인지도 모르는 노래가 내 귀에는 그만의 통곡으로 들린다.

"얼씨구 씨구 들어간다. 절씨구 씨구 들어간다. 작년에 왔던 각설이 죽지도 않고 또 왔네.”

그들만의 십팔번 품바타령이 순서를 기다리다 목청을 돋우며 사내의 입을 통해 나온다.

긴 목보다 짧은 봄날 하루해를 붙잡고 원망을 한다. 술 취한 아낙이 앞에서 덩실덩실 춤을 추다 옆에 있는 남편인지 애인인지 알 수 없는 사내를 졸라댄다. 엿 사달라고 사내는 주머니에서 천 원짜리 두 장을 찾아 여자에게 건넨다. 비웃음 섞인 얼굴로 내미는 이천 원에 머리 숙이며 사내의 체면을 마음속으로 씹으며 저고리 소매 끝으로 나온 부끄러운 손으로 엿을 내민다.

마음속으로 그 여자에게 엿 먹어라 하겠지! 누덕누덕 기워진 옷처럼 되어버린 인생 같은 껍데기를 걸친 체 먼지 나는 길 위에서 엿을 파는 품바 인생 흘러간 유행가 ‘울고 넘는 박달재’ 노래가 붉게 칠한 립스틱 사이로 흘러나온다.

“천둥산 박달재를 울고 넘는 우리 님아
물 항라 저고리가 궂은비에 젖는 구려
왕거미 집을 짓는 고개마다 구비마다
울었소. 소리 쳤소 이 가슴이 터지도록“

힘들고 어려운 고개를 넘고 싶은 마음에서인지 구성지게 아픔을 담고 넘어가고 있다. 세상에 가지고 있는 직업이 무엇이든 내가 좋아서 하는 일 이라지만 얼굴에 숯검정으로 칠하는 가면을 쓰고 살기란 고통스러울 게다.

오늘따라 심술처럼 쏟아 붓는 호랑이 오줌 같은 소낙비가 머리 위에 송곳처럼 박히는 날이면 얼굴에 칠한 가면이 벗겨질까 하늘을 원망하는 듯 중얼거린다. 저녁노을이 붉은 얼굴로 어둠을 불러오면 못다 푼 한풀이의 마지막 공연을 장식하는 춤과 노래를 부른다. 그리고 어둠이 내려와 그림자를 지우면 피곤한 하루를 접는 엿장수 품바의 고달픈 하루가 내일을 위해 막을 내린다.

2

이틀만의 휴가

시인 만세

"시인 만세!"

어느 해 연말 행사장에서 축사를 마친 시인 회장이 소리치는 목소리다. 왜 그가 그렇게 소리 높여 외쳤을까. 수년이 지난 지금도 문학을 하는 나의 귓가에 메아리로 남아 있는 그 소리, 정녕 '시인 만세'일까?

현대 과학의 발달로 우주를 정복하고 우주선이 달 속의 아름다운 모습을 지우며 날아다니는 세상, 아직도 우리의 마음속에 남아 있는 계수나무는 살아 있을까. 삶의 의미가 디지털 문명에 매달려 끌려가면서 스스로 할 수 있는 일을 기계에 의존하는 시대지만 우리의 눈앞에 펼쳐져 보여지고 숨 쉬는 것 모두가 아름다운 것들이며 우리의 피부에 와 닿는데 문학의 의미는 무엇인가.

순수가 살아 있어야 되고 정감이 있어야 좋은 것. 아무리 시대의 흐름이 컴퓨터의 놀이 공간에서 키를 두드리고 있다 하더라도 인간은 마음속에 정을 담고 사는 것이다. 더더욱 문학을 사랑하는 문인의 가슴

속에는 정이 넘쳐흐르고 손끝에는 향기가 나는 것이어야 한다. 그래서 딱딱한 컴퓨터의 글씨보다 스스로 쓰는 육필이 더욱 값진 것이라 생각한다.

어떤 문학을 사랑하시는 분은 이런 말을 한다. 컴퓨터 속에서 꺼내 보는 글씨는 생명이 없는 물체일 뿐 살아 숨 쉬는 느낌이 없다고, 어쩌면 글 속에서 느껴지던 정감이 사라져 버린 느낌이란다. 정녕 그 말이 맞는 말일까. 비록 꾸부정하고 서투른 글씨지만 감정과 정성을 담아 손끝으로 쓰여지는 한편의 글이 더욱 소중하게 간직하고 싶은 작품이다.

시끄러운 삶 위에 문화의 꽃이 피어야 경제의 열매가 맺는다는 말은 언뜻 보기에는 잘못된 말처럼 생각하기가 쉽다. 아니 그 반대로 경제의 꽃이 피어야 문화의 열매가 맺는다고 하는 말이 옳은 듯 하기 때문이다.

문화가 높으면 경제가 바로서고 경제가 바로서면 문화도 높아진다. 따라서 문화와 경제는 수레의 두 바퀴와 비유될 수가 있다. 그래서 우리의 곁에는 문학이 항상 함께 꽃을 피우고 열매를 맺어야 삶이 넉넉해지고 풍요로워지는 것이다. 그러기에 문학은 그 자체로 아름답고 세월이 가도 순수함이 변하지 않는 것이다.

한 줄 한 줄씩 써 내려가는 정성이 담긴 글에 더 감동을 받게 되는 것도 그 속에 담긴 순수한 인간적 가치를 더 높이 평가하기 때문일 것이다. 문학은 결코 누구를 위하거나 어떤 목적을 달성하기 위한 하나의 수단이 아니라 우리 모두의 가슴을 열어 그 자체의 가치를 추구하는 것. 문학의 모습은 양적으로 팽창한 문학이 아니라 질적으로 성숙된 문학이어야 된다는 생각이다.

가끔은 문학인들이 순수하지 못하고 시끄러운 시장 속의 장사치들처럼 잇속을 따지는 듯한 느낌을 들게 할 때가 있어 안타깝다. 스스로 하지 못하는 일을 남이 하면 재를 뿌리는 풍토가 남아 있는 한 문학 그 자체가 어지럽게 흔들려 문학인의 순수함을 독자들에게 인정받지 못하게 되는 누를 범할 것이다. 그러기에 문학인들은 무분별한 행동을 자제하고 독자가 아직까지 문학인들의 순수함을 믿고 있을 때 자세를 바로하고 좋은 글로 보답해야 할 것이다.

건망증

아침 어디론가 발길을 옮겨 놓고 싶은 마음이 충동질한다. 오늘은 네발달린 내 애마는 길을 떠나기 싫다고 투정이다.

나는 오랜만에 버스승강장 까지 십여 리를 걸어보기로 했다. 길섶에 그동안 보이지 않던 꽃들이 눈에 들어온다. 한참을 걸어가다 자동차소리에 뒤를 돌아봤다.

"어디 가세요?"

동네 젊은 친구의 화물차다

"그냥 나왔어!"

"버스 타는 곳까지 모셔다 드릴께 타세요."

덕분에 버스 승강장이 있는 면소제지까지 올 수 있었다. 생각보다 빨리 온 덕에 기차역으로 가는 버스를 기다리는 시간이 길어진다.

오늘 이 시골장날인가 장터 저만치 모락모락 만두집 가마솥에서 김이 올라 내 콧속으로 달려온다. 며칠째 배탈로 굶주린 배가 냄새를 마시며 마음에다 구걸을 하고 있다. 그래도 참아야 한다. 의사선생님 말씀 오늘 오전은 굶어야 된단다. 허기진 배를 달래며 기다리는데 잠시 후 버스가 온다. 문이 열리고 계단을 올라서며 기사님의 검은 선글라스 속으로 내가 들어간다. 카드 단말기소리가 들린다.

버스에 올라서니 자리가 꽉 찼다 세월의 물감을 파뿌리처럼 염색한 머리들이 버스 속을 채우고 있다. 어디를 돌아봐도 검은머리는 보이지 않는다. "노인전성시대" 버스는 세월의 무게가 무거운 듯 길 위에 검은 매연을 뿜으며 아스팔트를 밟고 간다.

정거장의 멘트가 들리고 버스 다음 승강장에서 정차하며 문이 열린다. 지팡이를 짚으며 조심스레 노인장이 내리고 허리 굽은 노파가 작은 보따리를 들고 올라왔다 힘들어하는 모습이다 그런데 아무리 돌아봐도 자리를 비워줄 얼굴이 없다.

이렇게 세월의 주름을 그어놓은 얼굴들뿐인가.

"안으로 들어가세요"

운전사가 운전석 옆에 서있는 할멈에게 소리를 지른다. 시끄럽게 들린다. 못 알아들었는지 그냥 서 있다 다시 한 번 재촉을 한다. 급정거할 때 바닥으로 넘어져 나뒹군다고 안으로 들어가란다. 그래도 할멈은 미동도 안하고 운전석 옆 기둥을 붙잡고 서있다 귀가 영 안 들리는 듯하다.

나는 손을 내밀어 노파의 손을 끌어다 의자의 손잡이를 잡게 해줬다. 힐끔 쳐다보며 대꾸한다.

"고마워요."

나도 서서 손잡이를 잡고 있으니 마음만 앉아있는 의자에서 일어서고 있었다. 버스가 목적지인 역 가까워지자 승객들은 하나 둘씩 다 내리고 역 앞 승강장에 멈춰 섰다.

나도 모르게 삶의 화선지에 나를 그리고 있었다. 정신을 놓고 생각에 잠기다 내가 역으로 간다는 사실을 잊어버리고 있었다. 기차역은 연휴가 겹쳐서인지 시골역 대합실이 만원이다 차표를 끊는 순간 스치는 만족감 짧지만 기차여행이다.

열차에 올라 자리를 잡았다. 객실은 조용하다 차창 밖으로 가을이 지나가고 있다 기분이 상쾌하다 돌아보니 앉아있는 승객모두가 손에 스마트폰을 들고 게임을 하느라 정신이 없다. 언제부터인가 일상 속에 함께 있는 손 전화다!

나도 손에 남들처럼 게임은 아니지만 메모에 가을이란 글을 쓰고 있었다. 차내 방송소리가 가느다랗게 들린다. 정차 역에서 내릴 사람에게 알리는 방송이다 열차가 잠시 섰다 다시 가는 느낌이다. 얼마를 지났을까. 글쓰기에 정신없는 내 앞에 예쁜 아가씨가 서있다 자리를 찾는다. 휴대폰 속에 찍혀있는 번호를 보여준다. 내 좌석과 같은 3호차 48번이다. 나도 번호표를 내보이며 내자리라고 우기고 있다. 그 여자는 고개를 갸우뚱하고 저만치로 간다. 잠시 일어나 창밖을 내다 봤다 낯선 곳을 지나간다.

'아차!'

내가 내려야하는 역을 지나쳤다. 벌떡 일어나 내리는 곳으로 가서 다시 밖을 확인했다. 아가씨가 올라타 내 앞에 자기자리라고 할 때 그 때 나는 자리를 비워주고 내렸어야 한다. 스마트폰의 유죄, 그 아가씨를 돌아보니 자리에 앉지도 않고 서성거린다.

'이 무슨 마안함이람.'

다음 역에서 내리면서 내 나이를 원망해본다. 오늘 가는 곳은 지인의 전시장, 다시 목적지로 가는 버스에 올라 전화를 했다. 역을 지나쳤다고 애기하자 함께 듣고 있는 사람들의 웃음소리까지 손전화 속을 통해 들려온다. 이게 아름답게 늙어감을 증명하는 걸까?

전시장에는 나를 기다리는 문우들이 파안대소로 나를 맞이한다. 전시장에는 많은 작품들이 서로 우월감을 뽐내며 얼굴을 내밀고 있다. 죽은 나무에 생명을 불어넣는 서각 글씨도 그림도 참 보기가 좋다.

사람마다 각자 타고난 재능과 노력이 어울려 만들어지는 작품들 그 속에서 작가는 만족을 느끼겠지.

뱃속에서 신호가 온다. 지금은 식사를 해도 된다는 초인종 같은 소리가 들린다. 모두들 자리에서 일어나 식당을 향한다. 오늘은 내가주인공이다. 가까운 꼬리 곰탕집으로 그래도 문학을 하는 문우들이라 나를 위한 메뉴에 아무른 이유가 없다. 식사 중에 지나간 이야기들로 한바탕 소란스러웠다.

식사를 마치고 해어지기 싫은 그들은 다시 자리를 옮기자고 한다.

오랜만에 느껴지는 행복이다. 그 순간은 누구도 반대표를 던지는 사람이 없다. 행선지를 알 수 없는 나는 차를 운전하는 사람이 이끄는 대로 가고 있었다. 차안에서는 안내하는 시인의 가는 곳의 자랑이 입에 침이 마르도록 시끄러운데 나만 바보처럼 호기심 많은 얼굴로 귀를 열고 있었다. 차는 빨간 잎 간판이 있는 건물 앞에 섰다. 빨간 바탕에 하얀 글씨 "다홍" 이다. 오래된 한옥 집을 예쁜 찻집으로 만들어놓았다.

문을 열고 들어서니 중년의 여인이 소녀 같은 차림으로 마중한다. 서로가 아는 사인 그들은 포옹하며 반가워하고 있다. 실내의 분위기가 참 따뜻하고 깨끗하다. 자리에 앉아 분위기에 취해있던 나는 주인의 소녀차림 모습 속에서 어디선가 본 듯한 얼굴이다.

'어디서일까?'

궁금한 생각을 참을 수 없어 옆에 있는 시인에게 물었다. 어디서 많이 본 얼굴 같다고 그러자 많이 보셨을 거라며 설명을 한다. 해마다 하는 시월의 마지막 밤 시낭송장에서 한복을 차려입고 다도 봉사를 하시던 분이라고 했다.

옷이란 게 사람을 다른 모습으로 만들 수 있구나. 따뜻한 차향을 맡으며 이야기를 나눈다. 우린 끝도 없는 시간을 접으며 문학이란 이야기에 취해 일어설 줄 모르고 있었다. 그렇게 오늘이 내마음속에 소중한 이야기와 추억을 만들어 머릿속에 담아두었다.

'살아있다는 것이 행복이다.' 마음을 가질 수 있게 만들며 온길 거슬러 다시 버스를 타려고 길을 재촉하고 있었다.

2004년 해돋이

갑신(甲申)년 1월 1일 새벽 세천유원지로 가는 길은 일찍부터 자동차의 행렬이 줄을 서있다 새아침을 열기 위해 모여드는 사람들이 어둠속에서 웅성이며 무리를 이루고 있었다 하나씩 하나씩 전조등을 밝히며 뿜어내는 소음소리가 멀리에서 가까이에서 들려온다.

새해 맞이 해돋이 행사에 초청 받아 식장산으로 가는 길. 어둠 속에서 서로를 알아볼 수는 없지만 산으로 향하는 그들의 마음속은 모두가 비슷한 소망을 빌기 위함일 거다. 가족과 함께 연인과 함께 새날의 희망을 가슴 가득 안고 싶어 정상을 향해 산길을 올라가고 있는 것 같다.

입구에서 차량을 통제하고 걸어서 올라가야 한다는 요원들의 부탁을 뒤로하고 건네주는 야광 등 을 받아들고 산길로 접어들었다. 산중턱을 바라보니 야광 등 을 흔들며 벌써 산 정상 가까이에서 야광 막대기를 들고 올라가고 있는 사람들도 있었다.

얼마나 일찍 왔단 말인가.

해가 떠오르는 모습을 보러 간다고 나는 전날부터 마음의 준비를 하고 있었다. 빌고 싶은 소원이 많아서일까. 새해에는 마음가짐을 바로 하고 건강을 위해 무엇인가 마음속으로 다짐을 하기 위해서 새날 아침을 여는 새벽길을 나선 것이다. 밤새 잠을 설치고 새벽두시부터 수선을 떨기 시작했다 네시가 되기 무섭게 자동차 시동을 걸었다.

올해는 내가 해돋이 행사에 구청 부탁으로 동구의 아침이란 시를 작시해서 詩낭송을 하기로 하여 시간에 맞춰 가야되는 조급함도 있었다. 오랫동안 산을 오르지 않았으나 새날의 아침 해를 맞이하려 간다는 기분에 들떠 힘든 줄도 모르고 열심히 산을 오르고 있었다.

시린 겨울바람이 볼을 스칠 때마다 따뜻한 아랫목 생각이 난다.

어느새 산허리에는 삶의 이야기들이 포장마차 속에서 모락모락 더운 김을 뿜으며 피어나고 있었다 콧속으로 유혹의 냄새가 나를 끌어당기려고 하지만 시간이 정해져있는 나는 뱃속에서 꼬르륵 소리를 달래가며 산 정상을 향해 발걸음을 옮겨 놓았다.

새벽바람을 두려워 않고 잠을 설쳐가며 포장마차를 열고 있는 그들! 삶이란 어느 누구에게나 고통과 기다림 그리고 희망을 뭉쳐가며 사는 것. 그들이 수고스러운 대신 더운 음식을 제공받는 이들은 얼마나 고마운 일인가 비록 돈을 내고 먹는 음식이지만 말이다.

그들의 마음속에도 해돋이 행사에 함께 참석하여 소원을 빌고 싶을 것이다. 어둠 속에 뿌려진 하얀 눈꽃이 산비탈의 속살을 보여주며 물들이고 있는 식장산. 정녕 대전의 모태(母胎)이다.

산을 거슬러 올라 갈수록 산길은 빙판으로 미끄러운데 등에서는 땀이 흘러 속옷을 적시고 더운 김은 옷 위로 모락모락 안개처럼 피어오른다. 먼동이 트고 눈 꽃핀 산을 오르는 마음은 천상이 따로 없었다. 산모퉁이를 돌고 돌아 멀리보이는 불빛 안테나의 늠름한 모습이 시야에 들어와 산 정상에 장승처럼 대전을 지킨다.

어둠 속 반짝이는 불빛을 따라 가보니 미리 온 구청 직원들이 풍선을 나누어주고 있었다. 소원을 적는 종이를 받아들고 정상을 향했다 살갗을 파고드는 찬바람이 볼을 때리고 땀에 젖은 옷이 식어지며 추위가 몸을 덮는다.

산 정상에는 눈이 내리고 있었다. 너도나도 손에 손에 풍선을 들고 두 손 합장하고 소원을 빌고 있는 모습들 정상에 오른 기쁨에 소리 높여 '야호'를 외치는 사람들 모두가 한마음이다. 시간은 흐르고 기다리는 태양의웃음을 시샘하는 구름이 심술을 부리고 있었다.

"해가 나옵니다!"

아나운서의 고함소리가 커져 가고 있는데도 구름은 비켜주지를 않는다. 잠시 빛을 보이던 햇살이 다시 구름 속으로 숨는다. 찬바람이 다시 얼굴에 와 닿으며 고통을 준다. 함성을 지르며 기다리는 순간 아나운서는 동구문학 김명동 회장님의 동구의 아침 축시를 낭송하겠습니다.

마이크를 잡은 내 손이 떨리고 있었다.

東區의 아침

김명동 글

넓은 들 한밭의 母胎로
우뚝 선 食藏의 정기 받아
옛것과 새것이
하나로 뭉쳐진 여기 東區
우리가 사는 곳

지나간 세월의
어둠과 침체의 탈을 벗고
뜨거운 太陽 앞에
당당히 고개 드는 얼굴

새 아침이여
뜨거운 태양 앞세우고
어서 오너라
우리는 환한 모습으로 너를 맞이하려니
希望 앞세우고 힘껏 오너라.
우리는 너를 맞아
더 크고 튼튼한 東區 가 되련다

낭송을 마치고 박수소리와 함성소리 벅찬 새날이었다. 내가 동구를 위해 시를 짓고 수많은 사람들에게 들려주었다. 만세소리가 산을 진동하고 해를 부르는 소리 "나와라, 나와라" 소리를 질러보지만 끝내 얼굴을 내밀지 않는 해님과, 심술궂은 구름을, 원망하며 하나 둘 발길을 돌리며 산 정상에서 자리를 떠난다.

가슴속에 뜨거운 태양을 담고 소원은 마음속으로 빌며 하산을 하는 얼굴들은 웃음으로 가득 차 있었다. 내려오는 길은 쉬웠지만 미끄러운 길 이었다. 서로 손을 잡고 산 정상에서 마셨던 뜨거운 커피 향과 컵라면의 따뜻함을 속으로 느끼며 눈 덮인 산길을 내려오는 등 뒤로 어느새 구름은 걷히고 둥그런 태양이 웃고 있었다.

길 위에 하얀 빛살을 뿌려놓고 그대들의 소원을 주우며 가란다. 이후로 난 몇 년을 해돋이 행사를 위해 식장산을 올라야 했다.

내 마음속에 앨범

오늘 아침 문득 고향의 친구들 생각이 나서 마음속에 담긴 활동사진을 돌려보았다.

"누구지' 누구였지?

까맣게 지워진 얼굴들 그 얼굴들이 세월 속에 묻혀 좀처럼 떠오르지 않는다. 그래서 아쉬움이 한꺼번에 덮쳐온다. 그때 조금만 넉넉하게 살았다면 그래서 앨범이라도 사 두었다면 지금쯤 지워진 얼굴들을 꺼내 볼 수 있을 텐데, 말하면 무엇하랴. 그 시절 사친회비를 내지 못해 선생님께서 넷째 시간이 끝나기가 무섭게 어김없이 집으로 쫓아 보내시며 어머님에게 꼭 받아 오라 그렇지 않으면 부모님을 모셔오라고 다그치신 그 선생님이 원수처럼 원망스러웠던 날들이 반복되었다.

"어떡하니…?"

어머니는 눈시울 적시며 나를 달래신다. 그래도 나는 빈손으로 돌아갈 수가 없었다. 없는 돈이 때를 쓴다고 생기는 것도 아닌데 어머님 가슴이 찢어지는 줄 알지만 그것보다 선생님의 회초리가 내 손바닥에 붉은 피멍 줄을 그어놓고 다시 돌려보내 질 텐데, 나는 동네 어귀에서 집 쪽을 바라보며 울고불고 어머님 가슴을 태웠다.

보다 못한 어머님 손에는 몽당 빗자루가 들려있고 가쁜 숨을 몰아쉬며 나를 쫓아오신다. 쫓겨 가는 짐승처럼 뒤돌아보고 또 돌아보며 나는 방천 둑을 넘어가고 있었다.

가끔 고향에 가서 지금은 콘크리트로 지어진 학교를 보며 변해버린 교실을 물끄러미 바라보며 선생님의 모습 그리고 함께 뛰어 놀던 동창들의 모습을 앨범 속에 그려 넣어보지만 기억 속에 남아있는 모습은 다 지워져 버리고 떠오르지 않는다. 지금은 어디에서 나처럼 세월고개를 넘으며 흰머리 가락을 세어보고 있을 내 짝궁 뒷논에서 뒤잡이를 하며 싸움을 해서 코피를 흘리며 울고 가던 친구, 그 녀석도 어딘가에 따뜻한 햇살을 한아름 안고 사랑하는 마음으로 모두를 아끼며 살아가겠지.

앨범 어디에서 서 있을 우장춘 박사! 이름이 우장춘 박사님과 같아 박사가 되어 친구들의 부러움을 산 친구. 눈이 동그랗고 늘 까만 교복을 즐겨 입던 그는 지금 정말 박사가 되어 어디 대학에서 학생들에게 옛날 이야기를 들려주고 있는지 그렇게 지워진 셀 수 없이 많은 얼굴들이 머릿속을 어지럽히지만 뚜렷하게 찍혀지지 않는 수많은 얼굴들이 내게 없는 앨범 속에 숨어있다.

그가 거기에 있었다
말은 하지 않았지만
나를 읽어주는 친구

내가 슬픈 얼굴로 푸념을 하면
웃음으로 달래주며

다 그런 거야
그렇게 사는 거야
석양 노을 속에 얼굴 묻으며
세월을 탓하면
그것 도 어쩔 수 없는 걸 어떻게 하니
그런 친구가 옆에 있으면 덜 쓸쓸할 텐데.

—졸시 「친구」

이런 친구를 찾아볼 수도 없도록, 왜 그때 내 부모님은 무얼 하셨기에 나에게 그 작은 사진첩 하나 사주지 못하셨는지….

작은 소망은 지금 내 머릿속에서 지워져 찢겨진 흑백 사진을 다시 떠올려보고 눈을 감고 돌아오지 않는 그 시절 누구지! 누구일까! 지난 기억 속에 활동사진을 말없이 돌리면서 쓴웃음을 지어본다.

행위예술

새벽거리에 안개가 자욱하게 내려앉아 시야가 뿌옇다. 버스정류장에 움츠리고 서있는 사람들 지난밤 잠을 설친 사람들이 오늘을 시작하기 위해 삶의 터전으로 가기 위해 여기저기 줄서있고 어딘가로 걸어간다. 진실을 담은 사람들의 무리이다.

아직도 비틀거림으로 인도 위를 걷고 있는 사람들, 그들을 밝혀주던 가로등은 이미 꺼져 잠들고 속 쓰림 의 갈증을 해장국으로 풀기 위해 어떤 이들은 해장국집 문 앞에 서 있다.

찬바람을 피해 지하도 계단을 내려서면 시계추처럼 무거운 발걸음들이 올라가고 내려간다. 삶의 무게를 무겁게 매달고 누군가를 찾아가는 행렬, 요란한 웅성거림이 모아지는 곳 찬 대리석바닥에 비좁은 신문지 한 장을 깔고 한 장은 덮고 누워 신음하는 거리의 노숙자들! 그들은 정녕 집도 가족도 없어서 일까?

아마도 그들의 마음속에는 여우같은 아내와 토끼 같은 아이들 부르는 소리가 눈앞에 아른거려 밤마다 차가운 느낌보다 더 시린 그리움에 떨고 있을 것이다. 실직자들 체면, 부끄러움이 그들의 발길을 가로막고 서있다. 아직은 비켜 갈 수 없는 운명의 길을 스스로 만들면서 사람들의 요란한 발자국소리를 자장가 삼아 잠을 청한다.

낮과 밤이 바뀌는 네온이 광란의 춤을 추는 거리에는 검은 세단이 富를 으시대며 비틀거림으로 거리를 휘젓고 누구도 말리지 못하는 배부른 자들의 위세가 당당하게 걸어 다닌다.

탐욕의 눈길들은 시뻘겋게 충혈 되어 늑대처럼 욕심을 채울 먹이를 찾아 두리번거린다. 투명한 유리관 속에는 벌거벗은 마네킹 아닌 마네킹들이 억지웃음을 웃으며 裸身을 비꼬면서 유혹의 눈길을 보내고 언제 돌아갈지 모르는 제자리! 검은 손을 벗어나기 위해 오늘도 살갗 부비며 신음하는 행위예술로 밤을 지새운다.

눈뜨면 지난밤 시달림에 지친 발걸음들이 거리를 나선다. 자욱한 안개는 거리를 싸늘하게 식혀놓고 꿈속을 헤매는 자들의 눈앞에 노랗게 현기증을 느끼게 하는 아침이다.

모퉁이 돌아서면 잠 오지 않는 밤을 보낸 노인들이 지팡이에 무거운 몸을 딛고 보호시설 앞에 줄을 서 있다. 누군가가 마련해주는 아침 한 술을 얻어먹으려는 행렬 누가 여기에 초라한 모습으로 서있을 줄 알았겠는가. 젊은 날 허리 조여 매며 고달픈 인생을 살면서도 자식들에게 모든 것을 준 것의 보답이 이런 것인가. 그래도 자식 자랑하는 부모의 마음은 거리에 내쫓긴 아픔도 배고픔도 잊은 채 오늘을 시작한다.

어느 골목길 따라 산기슭 높은 담장에 방범 경보기가 눈을 크게 뜨고 누군가를 감시한다. 인정도 메마르고 마음이 차가운 사람들이 제 복을 지키려는 불안과 두려움에 떨고 있다. 부유한 사람들 그들은 넘쳐나는 욕심을 채우려고 도둑 같은 모노드라마를 하고 있다.

아비는 벌고 자식들을 이 거리 저 거리를 누비며 몇 백 몇 천을 휴지처럼 거리에 뿌린다. 여기저기 착하고 좋은 일 하는 사람들의 구원의 손길은 구경거리일 뿐 그들의 순수함을 미치광이로 알며 자기들은 정신병자이면서 스스로를 버리며 산다. 언젠가 돌아올 팔자를 외면하면서 저들만의 퍼포먼스를 하며 수많은 관객을 비웃고 있다.

오늘도 거리에 흩어지는 낙엽 같은 휴지를 주우며 구석진 골목길을 걸어가는 사람들 오늘을 충실하게 살아갈 두려움에 온몸이 저려오지만 그들의 마음속은 때 묻지 않았고 삶의 의욕과 희망을 부풀리며 현재의 모노드라마를 스스로의 만족으로 알고 오늘도 자신이 주인공인 삶의 주연배우란 자부심으로 큰길을 걸어가고 있는 모습이 아름답다.

혼불

노적봉 아래 혼불 마을! 누군가가 기다리는 것처럼 그곳을 찾아가는 마음들이 들떠있다. 젊은 여인의 소설 속의 고향이 있는 곳 은 멀기도 했다. 잔뜩 부풀은 기대감!

글을 쓰는 마음은 이런가보다 글빛 문학의 문학기행 가는 길, 좀처럼 만들기 어려운 시간을 만들어 그곳을 찾아가고 있었다. 전주 근처 어디라는 어느 시인의 이야기를 이정표 삼아 우선 전주로 가기로 했다. 전주 덕진 공원 호수에는 삶을 쉬는 연꽃들의 시신들이 시린 바람에 쓰러져 누워있었다. 삶을 살아 숨 쉬던 모든 것들의 순간의 아픔이 그곳에도 있었다.

여기저기 詩를 담은 시비(詩碑)가 눈길을 끌어당긴다. 문학을 하는 사람으로 어디엔가 자신의 글을 담은 시비가 세워져 있다는 것은 훗날 누군가 자신의 글을 읽어 줄 것이라 생각하면 가슴 뿌듯할 것 같다. 회원들과 즐거운 시간을 보내고 전주비빔밥 속에 그 지방의 맛을 담아먹고 다시 길을 떠났다 확실한 장소를 몰라 장소를 알려준 그 시인에게 전화를 했다.

"박 선생, 혼불 작가 글의 고향이 어디야?"

"전주 지나 임실 바로 밑에 역이야. 역의 이름은 잘 모르겠고 개가 주인을 불 속에서 구했다는 전설이 있는 그곳이야."

그 시인도 그 고장의 이름을 잘 모르고 있었다. 그래서 일단은 임실을 찾아가기로 했다. 전날 피로감이 온몸으로 느껴지지만 회원들을 위해서는 어쩔 수 없었다. 요즈음 나이 탓인지 몸이 여기저기 고장이 나기 시작해서 침을 맞는 중이었다.

한참을 달려가니 임실이라는 이정표가 보인다. 반가움으로 소리를 지르고 싶다 도착지가 가까워진다는 느낌에서 오는 기쁨이다. 하지만 다음 역이 무엇인지 몰라 삼거리에서 강진 쪽으로 핸들을 돌리고 열심히 달렸다 남원 쪽이라는 이야기는 까맣게 잊은 채 한참을 달리다 보니 느낌이 아니었다. 이정표 팻말에 신안 이라는 이정표 속의 글이 보였다.

신안은 바다 속에서 보물이 쏟아져 나온 곳이 아닌가? 마음속으로 유혹의 손길이 뻗쳐지지만 나중에 한번 가보기로하고 마음을 추스르며 달리다보니 길을 잘못 들은 것이다 시골길은 어디에도 사람의 모습이 보이지 않았다 고개를 몇 개를 넘어 저만치 경찰차가 보였다. 차를 멈추고 경찰관에게 혼불의 고향이 어디냐고 물어보았다.

그는 자세하게 설명을 해주었다. 젊은 친구라 그래도 문학을 아는 듯 혼불의 작가 최명희의 이름을 알고 있다는데 흐뭇했다. 다시 차를 돌려 왔던 길을 돌아 남원 쪽으로 달려갔다. 이정표가 남원을 가리켜 주고 있었다.

한참을 달려가나 길옆에 혼불의 고향 이라는 팻말이 보인다. 반가움에 모두가 다 왔다는 기쁨에 마음속으로 소리를 쳤다.

온화한 시골길로 접어들어 한참을 달려갔다 멀리보이는 시골마을 무엇인가 있을 것이라는 기대를 담고 마을길로 들어섰다. 마을 회관 앞에다 차를 세우고 마을을 둘러보니 어디에 도 혼불의 고향으로 느껴지지 않는 그냥 시골 마을이었다. 회관 앞에 혼불의 고향 작가의 유적비가 쓸쓸하게 기다림으로 서 있었다. 가까운 곳에 생가가 있을 것 같아 두리번거리며 찾았으나 보이지를 않았다.

마침 지나가는 아낙에게 물어보았다 혼불 고향이 어디냐고 물었더니 저위로 가보라며 손짓을 한다. 가파른 언덕길을 한 참 올라가다 보니 노적봉 아래 한옥 한 채가 아늑하게 자리를 잡고 있었다. 소설 속에 나오는 저수지 가는 길이라는 팻말이 보인다.

우선 대문을 열고 마당 안으로 들어섰다. 인기척 없는 쓸쓸함이 추위가 느껴진다. 소설가의 고뇌와 외로움이 방안에 가득 담겨 있었던 것이 느껴진다. 그래도 흔적을 남기고 갈 수 있다는 것은 얼마나 행복한가.

새까맣게 나를 태운다.

그 어디에도 보이지 않는
내 안에서 타고 있는 파란 불꽃
한 자락의 글이 꼬리를 늘어트리고
가늘게 선을 긋는다.
나만의 희열 에 웃음
마음으로는 풀어놓을 수 없는 아픔을
무딘 손끝으로
네모진 칸칸에 깨알처럼
채워 넣는다.
뜨거운 혼을 담아서…

—졸시 「혼불」

수많은 글쟁이들이 어디에도 이름 석 자 남기지 못하고 떠나는 이들이 많지 않은가. 회원들과 떠나온 문학기행은 해질녘, 그곳을 출발하면서 어두운 밤길을 자동차 신음소리를 들으며 달려 돌아오고 있었다.

사랑이라는 것

삶의 부분 중에 사랑이란 단어가 없었다면 살아 있다는 것을 느낄 수가 있었을까? 사랑의 그리움 보고픔 그리고 사랑 이별의 아쉬움의 소용돌이 속을 맴돌며 모든 것을 담고 있는 사랑!

"사랑하는 마음에 이유가 없듯이 기다리는 이유도 물을 수가 없다. 그리운 마음은 파란하늘 흰 구름에 사랑의 이야기를 깨알 같이 적어 계절마다 색색의 아름다운 우표 한 장 붙여 그대에게 전하는 마음이 사랑의 단어가 되어 아름다운 것이다."

봄이면 파란 연미복 입은 나무들의 즐거운 춤사위에 흥겨운 바람의 심술이 부려지고 여름날 푸른 강물 위에서 구슬방울 굴리며 달려오는 물결의 소리를 귀 기울이며 들을 수 있는 사랑하는 마음이 없었다면. 굳어버린 불룩한 가슴으로 많은 증오와 원망 추억을 만들 수 없을 것이며 사랑의 뒷이야기를 할 수 없었을 것이다.

멈춰버린 시계를 바라보며 기억 상실증으로 잊어버린 지난날 사랑하는 사람의 이름을 읽을 수는 있었을까.

" 양지쪽에 앉아 그대를 생각했습니다. 비 오는 날 혼자 쓰고 가는 우산 속에서도 그대를 생각했습니다. 많은 사람들 틈새 사이에서 누군가를 찾는 버릇이 있습니다. 사랑이란 물방울처럼 부딪쳐 하늘을 향해 튀어 오르고 싶은 것. 화려한 옷 입은 가을날 잎사귀의 거만한 옷차림을 보고도 그대를 그리워하는 마음이 보여지고 있었습니다."

마지막 손을 놓는 잎새의 생명의 끈 비명소리를 사랑하는 마음이 없었다면 느낄 수 있었을까? 그 마음을 …. 사랑하는 마음이 가슴에 담겨 있지 않았다면 첫눈이 성큼 성큼 큰 대문을 열고 앞마당에 들어서면 반가운 미소로 기다리는 하얀 마음을 느낄 수 있었을까?

기쁨보다는 슬픔이
환희보다는 고통이
더 많이 가슴을 저리게 하는 것
추억을 사랑할 수 있었든 것도
사랑하지 않았다면 읽을 수가 있었을까
생각이 통하고
같이 있기만 해도 마음이 편한 사람

저녁노을 아스라이 쏟아지는 해질 무렵 아쉬움에 가슴 저려오는 느낌이 있었을까. 사랑하는 마음이 없었다면 그렇게 사랑은 행복도 추억도 남기게 하는 것이라는 것을 알려 주었다.

사랑은
당신만의 것이 아닙니다.
그대와 나
그리고 모든 것입니다

사랑은 깊이와 넓이를 알 수 없습니다
마음을 모두 담을 수 없는 큰 그릇입니다.

사랑은
푸른 숲속처럼
신선하고 향기로워야 합니다.

사랑은
색깔이 없습니다.
언제나 변함없는 투명함 이여야 합니다.

사랑은
원망의 싹을 틔우지 말아야합니다.

사랑은
원하는 것이 없어야합니다.
스스럼없이
모두 줄 수 있는 마음 이여야 합니다.

이렇게 사랑 속에 살아가는 우리가 행복하다고 말할 수 있다.

기차 여행

어디론가 떠난다는 것이 어떻게 보면 여유로움이 있어서만이 아닌 것 같다. 아침 일찍 회원들의 전화를 받고 길을 나섰다. 버스가 있는 곳에는 벌써 여러 사람들이 따뜻한 커피를 마시며 떠날 시간을 기다리는 모습들, 어린 아이들처럼 즐거워하는 모습은 초등학교 소풍가는 기분이다. 출발한 버스는 어느덧 영동고속도로를 힘차게 달리고 있었다.

차창 밖에는 비단옷으로 갈아입은 단풍들이 무리 지어 군무를 추며 손을 흔들고 있었다. 버스는 가파른 오르막을 올라가는지 시끄러운 소음을 내며 힘들게 동강을 거슬러 깊은 계곡 속으로 달려가고 있다. 산비탈은 불을 지르고 겨울로 가는 길목을 까맣게 태우려는지 더욱 짓게 화장한 얼굴들이다.

가끔 길옆 가로수가 노란 은행잎을 길 위에 떨어트리며 눈물을 뿌린다.

한참을 정신없이 달리던 버스가 어느 식당 앞에 멈추고 점심식사를 하기로 했다. 식당 안에는 미리 온 사람들이 식사를 하고 있었다. 구수한 시골 된장국 냄새가 코끝에 와 식욕을 돋군다. 식사를 마치고 시장 쪽으로 발길을 돌렸다. 좀처럼 볼 수 없는 시골 장이 서고 있었다. 여기저기서 물건을 파는 시골 아낙들의 목소리가 구수하게 들려온다.

정신없이 장 구경을 하고 있는데 버스 기사의 목소리가 들린다. 빨리 가야 열차를 제시간에 탈 수 있다고 소리를 지른다.

"빨리 오세요. 차 떠납니다."

정신없이 달려가 버스를 타니 기다리는 사람들의 시선이 따갑게 와 닿는다. 산 속의 하늘을 정말 오염이 없어서인지 시리도록 파랗게 물들어 있고 하얀 구름 몇 장이 당신에게 편지를 띄우고 싶어 오락가락 하고 있다.

와락 끌어안고 싶은 산과 들, 그리고 그곳에서 숨 쉬고 있는 나무들 산새들, 쳐다보면 눈 속까지 시원해지는 시냇물 얼마를 힘차게 산길을 달려온 버스가 가쁜 숨을 몰아쉬며 어느 역 앞에 멈춰서고 하나 둘씩 사람들이 내린다.

"버스는 도계역에 가서 기다릴 테니 여기서부터 열차를 타십시오."

기사는 이 말을 남기고 사람들을 다 내려놓은 뒤 도망치듯 떠나버린다. 한참을 걸어 올라가니 기차역이다. 간이역처럼 작은 역인데 사람들이 많다 관광지역이라서 그런가? 역 앞에서 웅성이며 기다리니 역 마당에 빨간 단풍나무가 자태를 뽐내며 요염하게 손을 흔든다.

언제나처럼 시골 역의 십팔번 소리가 들린다. 열차가 잠시 연착을 하겠다는 승무원의 사과 방송이다. 기차여행을 하다 보니 예전에 새마을호 열차 속에 꽂혀 있는 레일로드에 보낸 원고가 생각난다. 1993년 을유년 2월이니까 지금부터 십 수 년 전 그 해도 올해와 같은 을유년이었다. 다시 그 때를 생각하며 다시 그 책을 찾아 글을 옮겨본다.

차창 밖으로
저기 멀리
방천뚝 따라
망초대 하얀 꽃 피우고
나비오라 손짓을 하네
아지랑이 피는
마을앞길 보이고
시골집 마당
감나무 잎사귀 사이로
스레드 지붕이 보인다
빨간 벽돌집 교회당
종각 위에 십자가가
하늘을 향해 소리치는 듯 하는데
차창 밖으로
아스팔트 도로 옆
가로수 줄지어 나란히……
도시의 빌딩들
누가 큰가 키 재기하며
서 있는데

차창 밖으로
하늘 저 멀리
저녁 노을 물들고
높은 산 소나무 오라고 손짓을 하네
차창 밖으로
그림이 그려진다.
수려한 산수화
아름다운 농촌 풍경화
아쉬운 듯이
기적소리 들리고
정거장으로 가는
기차의 속도가 느려진다

—졸시 「기차여행」

십여 년이 지난 지금 다시 이 글을 읽으며 긴 미로에 빠져들어 다시 기차여행의 글을 쓰고 있다. 플랫트 홈에 들어서니 이정표가 적혀 있다. 아래로는 사북 위로는 그 유명한 사북 탄광이라는 이정표에 쓰인 단어가 반가움을 느끼게 한다.

홈은 길 떠나는 이들로 시끌시끌하다. 어디로 가는가. 목적지는 한 곳 도계역으로 가는데! 잠시 후 승무원의 안내 방송이 들린다. 열차가 도착하는 것이다. 하나 둘 내리는 승객들 여기가 분명 시골 역인 것 같다.

열차에 오르니 자리는 텅 텅 비어 있었다. 자리에 앉아 잠시 명상에 잠겨 보았다. 열차는 힘들게 오르막을 올라가고 터널 속으로 들어가고 또 하늘이 보이는 듯하더니 다시 터널 속이다. 이렇게 터널이 많다니 예전 같으면 이렇게 터널이 많으면 콧속이 새까맣게 그을릴 텐데 문곡역 몇 명의 승객이 내린다.

다시 열차는 심장이 터질 듯이 숨 가쁘게 몇 개의 터널을 지나 홍천역을 지나며 달리던 열차가 뒷걸음질을 한다. 이것을 보려고 여기까지 온 것 같다 열차여행! 힘에 겨워 다시 올라가려는가? 그것이 아니었다. 레일이 외줄이라서 올라가는 열차를 비켜주려는 것이다. 잠시 열차는 멈추고 올라오는 기차가 고맙다는 듯 기적을 울리며 지나간다.

내리막을 빠르게 내려 간 열차는 도계역에 도착하였다. 기차여행이 끝난 것이다. 도계역 이곳은 조금은 큰 역이다. 열차에서 내려 역 앞으로 들어가니 이곳에는 표를 받는 승무원도 없다. 문득 옛날 학창시절 학교가 끝나고 공짜열차를 타려고 철조망 밑으로 들어가 열차를 타고 내릴 때는 정거장 가까이 갔을 때 천천히 가는 곳에서 뛰어내리다 무릎이 깨지던 그 시절이 생각이 난다. 이런 역이면 그 위험한 행동은 하지도 않았을 것을!

도계는 깨끗한 시골 마을이었다. 기대가 부풀었던 기차여행은 어둠이 내려앉은 버스 안으로 끝이 나려고 하고 있다.

버스는 고속도로 위에서 힘차게 시속 100킬로를 넘나들며 달리고 조용한 트로트 음악이 귓전에 와 앉는 것 같은 느낌을 느끼며 눈을 감고 긴 여행의 피로를 풀고 대전으로 향하고 있다.

이틀간의 휴가

새벽잠을 깨우는 전화 벨소리가 요란하다.

"일어났어요?"

전화를 받으니 들려오는 목소리 잠에 취해 꿈속을 헤매는 목소리다. 그러고는 두 말도 없이 수화기를 놓는다. 잠을 깨워준다는 모임의 총무님의 전화다. 나는 그 시간 벌써 일어나 글을 쓰고 있었다.

어디로 여행을 떠난다는 마음은 소년처럼 풋풋하였다. 어젯밤 잠을 제대로 자지 못하고 설치다보니 막상 전화를 받고 마음이 가라앉으니 잠이 쏟아진다. 문득 어제 모임에서 총무의 부탁 말이 생각난다. 형님 공항까지 가는 차량이 모자라면 형님차로 가야하니까 차를 타고 오시란다. 인원이 이십 오명이라서 버스를 대절하기도 그렇고 차 기름 값과 주차료를 주기로 하고 모임에서 결정한 사항이다.

준비를 마치고 모임장소로 가보니 벌써 와서 기다리고 있었다.

"아니 언제나 제일 먼저 오시던 분이 오늘은 늦으셨네요."

다행히 차량이 충분해 내차는 그곳에 두고 다른 차에 올라탔다. 차 안에는 전임 회장님이 손을 내밀며 반갑게 맞아준다.

"어서 오시오. 김 회장님 늦으셨습니다."

청주공항으로 향하는 길옆에는 개나리가 줄지어 환영의 손을 흔들고 있었다. 공항에는 일찍부터 떠나려는 여행객들이 배낭을 메고 대합실에서 웅성거린다. 누구를 찾는지 두리번거리는 모습들이 소풍가는 학생들의 수행여행의 모습이다.

검색대에 소지품을 내어놓고 검사를 마친 뒤 비행기에 탑승하니 스튜어디스의 밝은 미소가 기다린다. "어서 오세요" 친절한 목소리를 뒤로하고 좌석을 찾았다. 18번 A 창가에 앉았다. 비행기는 굉음소리를 내며 활주로를 떠나려고 움직이기 시작한다. 안내양들이 기내의 사고시에 대처 요령을 이야기하는데 비행기는 어느새 날개를 퍼덕이며 하늘을 날고 있었다.

파란 하늘 하얀 구름 위를 가로지르며 제주를 향해 날아가고 있다.

창밖 구름과 이야기를 하다보니 밝은 미소의 여인들이 "차 한잔 드릴까요?"라고 묻는다. "예" 차 대신 음료수를 마시며 다시 창밖을 보니 구름의 성(城)들이 수없이 만들어진 하늘나라가 보인다. 볼펜을 꺼내 한 줄 글을 쓴다.

시리도록
파란 하늘
하얀 솜틀 밭을 가로질러

수많은 궁전들이 모여 있는
하늘나라를
헤엄치는 색동날개
마음을 싣고
꿈을 싣고
이 세상 어디라도
거침없이 날아가는 날개

안전띠를 매시라는 안내양의 목소리를 듣는 순간 벌써 다 왔구나. 비행기는 서서히 활주로를 향해 비행을 하고 있었다. 창밖에는 파도를 안고 달려오는 푸른 바다가 한눈에 보인다.

깨알같이 보이던 한라산이 눈앞에 커다랗게 그려질 때 비행기가 끼우뚱거린다. 모두 놀랐지만 바람 때문에 그렇다며 걱정을 마시라는 방송이 있었다. 잠시 후 날개를 내려놓는 비행기의 거친 굉음소리 덜커덩 땅에 닫는 소리다.

공항에 들어서니 피켓을 들고 누구를 기다리는 사람들이 모여 있다. 우리를 기다리는 사람은 이틀 간 우리를 구경시켜줄 관광회사 버스기사다. 공항을 빠져나오니 노란 유채꽃이 우리를 반긴다. 버스에 오르니 기사가 알아들을 수 없는 제주도 방언으로 인사를 한다.

"반갑수다."

아침식사를 간단히 하고 한라산 등반이다. 차가 한라산에 닫자 등산을 하지 않는다는 팀은 버스로 반대방향에 가서 기다리기로 하고 등산을 시작한다. 검은 돌과 흙 화산이 만들어 놓은 제주만의 땅이다. 가파른 등산로엔 검은 침목으로 만들어 놓은 계단이 무거운 발걸음과 무릎을 저리게 한다. 아직도 떠나기 싫은 겨울의 꼬리가 흰 눈으로 이불을 덮고 누워 산비탈을 시리도록 한다. 심술 많은 봄바람은 햇살을 불러 하나씩 이불을 녹이며 겨울잠을 깨운다.

등산로 이정표가 보인다. 어리목 등산로-사제비등산 -만세 등산 - 윗새오름대피소 - 병풍바위 – 영실. 산 정상을 향해 올라가는데 바람은 왜 그리도 심술을 부리는지 몸을 가눌 수가 없다. 높은 곳으로 올라 갈수록 나무의 키들은 작아지고 노란 융단처럼 깔려있는 난장이 대나무가 산비탈에 물감을 칠해 놓았다.

바람을 견디기 힘든 주목이 움츠리고 바람을 외면하려 한다. 산바람의 심술은 서 있는 모든 것을 날려 보내려고 하는지 심술을 그지치 않는다. 만세동산 윗 오름 대피소까지 1.5Km 어리목을 떠난 지 3.2km 두 시간의 산행의 결과다.

검은색 돌로 화장한 윗 오름세로 향하는 넓은광장에 이름 모를 키 작은 나무들이 군락을 이루고 있다. 비바람은 더욱 세차게 불어 머리칼을 휘날린다. 옷은 벌써 땀과 비로 범벅이 되어 몸속까지 얼어붙게 만들려고 한다.

윗 오름세 대피소에는 여러 사람들이 비바람을 피하기 위해 우글거린다. 온몸이 땀과 비로 범벅이 되어 몸에 한기를 느끼게 한다. 등산 온 분들에게서 간단한 음료와 닭튀김을 얻어먹고 다시 산을 내려가기 시작했다. 내리막길을 내려가는 것이 더 힘이 들다. 바윗돌들이 깔려 있는 내려막길 을 얼마나 내려왔는지 바닷바람과 동행한 비바람이 사정없이 머리칼을 치켜세우며 울부짖는다. 보일 듯한 병풍바위의 위엄이 보여지는 듯하지만 작은 나무가 산기슭에 몸을 누이며 애처로운 몸짓으로 눈 이불을 덮고 있다. 바람은 아직도 분을 풀지 못했는지 내려오는 길을 가로막고 다시 거꾸로 바람을 불어댄다. 얼마나 내려 왔는지 콧속으로 구수한 냄새가 허기진 뱃속을 요동치게 만든다. 미리 온 동문들이 푸짐하게 전을 벌리고 있다.

기름 냄새 진동하는 파전 속에 추위를 녹이고 제주도에 유명한 조껍데기 술을 한 사발 마시니 뱃속에 전율이 온다.

빈속에 두어 잔 마시니 얼굴은 홍당무처럼 붉어지고 약간의 숨이 가빠온다. 버스로 돌아오니 모두들 와 있었다. 떠나려던 기사가 인원을 확인하니 한 사람이 모자란단다. 웅성이며 서로 연락을 해보니 이상한 길로 가서 헤매고 있단다.

회장과 회원들이 찾아 나서고 안전관리인들까지 동원해서 겨우 찾아온 그는 파랗게 질러있었다. 안도의 한숨을 몰아쉬는 그의 등을 두드리는 마음은 모두의 한결같은 마음들이였다. 기다림에 지쳐있던 버스는 출발하고 하루의 산행이 마감된다. 얼마 되지 않은 곳에 탄산 사우나에 가서 몸을 담그니 살갗 속에 피로를 걸러낸다. 한 시간 반 정도의 목욕을 마치고 저녁을 먹으려고 가기 위해 바다가 보이는 횟집으로 가는 길에도 바람은 쉴새없이 버스의 앞을 막는다. 바다가 금방이라도 달려올 것 같이 창안으로 끌어당긴다.

한잔씩 술이 돌아가고 일행은 불그레한 얼굴들로 취해 있다. 뱉어내는 말마다 모두가 시인이다. 나그네들은 마음도 몸도 비틀거린다. 콧노래를 뒤로하고 차에 오른 일행은 피로에 지쳤는지 조용하다. 「산타하우스」 취한 눈에 보이는 건물은 전원주택의 아늑함이다. 마당에 푹신하게 밟히는 잔디의 느낌이 솜이불 같다.

집으로 들어서니 바깥에서의 느낌이 송두리째 날아간다. 눅눅한 곰팡이 냄새 오래도록 사용하지 않은 듯한 집의 냄새가 코를 찡그리게 한다. 술 취한 일행은 하나 둘 방안으로 들어가 눈을 감고 코를 드르렁거린다. 일부의 일행은 늘 하듯대로 동양화 놀이를 한다. 빗소리에 잠이 깬 나는 전날 마신 술 때문인지 갈증이 목을 조른다. 음료를 한숨에 들이키고 정신을 차리니 새벽 세시 아직도 그들은 동양화 그리기를 하고 있다.

"잠들 자라!"

한마디를 던지고 다시 잠을 재촉한다. 긴 밤을 휘젓던 취기는 사라지고 눈을 부비며 모두들 일어난다. 밤새 짓궂게 내리던 비도 멀리로 가고 앞마당에 나와 하늘을 향해 기지개를 편다. 마당 한 귀퉁이에 하얀 동백이 활짝 웃고 있다. 제주에서만 볼 수 있는….

겨울 눈꽃처럼
시린 얼굴

푸른 잎새로 턱 받치고
봄을 부른다
어디에서 왔느냐고
물으면
들리지 않는 목소리로
봄이 불러서
바람이 데려와서
한라산 끝자락에
웃음을 머금는다고
대답 대신 하얀 미소를 짓는다

—졸시 「제주의 흰 동백」

어설픈 잠 속에서 깨어나 버스를 타는 일행들은 아직도 취해 있었다. 가까운 곳에서 아침을 먹고 일정대로 관광을 하기 위해 중문 순환도로를 달려가고 있다. 눈꽃처럼 떨어지는 벚 꽃길 하얀 웨딩드레스를 입은 신부와 걸어보고 싶은 꽃길을 지나니 오늘도 바람은 머리칼을 쓸어 넘기며 불어오고 있었다.

여기저기 검은 돌로 둘러쳐진 울타리가 제주의 이야기를 말해준다. 바다, 돌, 여자. 기사의 오늘 일정의 안내를 들으며 산 군 부리 분화구 입구에 버스는 정차를 한다. 자연은 이렇게 위대한 일을 할 수 있는데 두뇌를 가진 인간들은 무엇을 하는가. 욕심과 탐욕으로 자연을 망가트리고 그 위에 富의 城을 쌓으려고 자신을 잃어버리고 산다. 해안도로를 따라 차는 질주하고 바다는 파도를 몰고 와 바위를 때린다. 차가 멈춰지고 운전기사는 이곳이 TV드라마 〈올인〉 촬영장이라며 구경하란다.

하얀 집이 푸른 바다를 배경으로 그림같이 걸려 있다. 커다란 현수막에는 드라마에 출연한 이병헌과 송혜교가 미소 담긴 모습으로 관광객을 반긴다. 사람을 통째로 날려버릴 듯한 바람은 다시 모자를 날리고 바다 위에 갈매기 몇 마리 울음소리를 내며 날고 있다.

시원하게 누워 있는 해변 길 따라 여행은 시작되고 일출봉이 손 흔들어 배웅하는 길을 따라 차는 질주한다. 멀리서 다가오는 초록 이정표 〈용두암〉 가는 길 그 뒤로 하늘로 승천하고픈 용의 모습이 검게 서 있다.

하늘로 승천하고픈 바위는
지상에 묶인 억 겹 사슬을 끊지 못하고
오늘도 거친 파도에 두들겨 맞으며 울고 있다
언제쯤 몇 백 몇 천 년을 기다려야
살아 숨 쉬며 하늘 위로 날아 갈 수 있을지
기다림으로 오늘도 애꿎은 물거품에 몸을 씻으며
그날을 위해 기도하는가.

— 「용두암」

비행장 가까이에서 피로를 풀기위해 사우나를 하고 마당에 나와 보니 바다 위를 날아오는 여객기가 너른 마당을 향해 내려온다.

돌아가려는 시간이다.

하나 둘 일행들이 짐 꾸러미를 챙기고 이틀간의 외출도 돌아갈 시간을 당기며 비행장으로 달려가고 있다. 〈제주공항〉 커다랗다 걸려있는 문패가 공항을 알리고 이틀 간 우리를 위해 일한 총무가 건네주는 탑승권을 받아 쥐니 제주-청주 028238-탑승일2005-04-10 탑승구 GATE 4 좌석번호 Seatmo18a 가방과 점퍼를 벗어 검색대를 통과하면 기다림으로 가득한 대전을 향해 홈으로 들어간다.

짧지만- 긴 48시간의 마음속의 프로그램을 만들 수 있었던 이틀간의 외출은 머릿속을 잠시 정리시켜준 여행이었다.

비행기에 올라 좌석에 앉는다. 18a 창 옆에 앉은 나는 이틀 간의 여행의 일기를 마무리한다. 고도 5700m 아시아나 기장의 안내방송 소리가 스피커를 통해 들리고 검은 하늘을 날고 있는 색동날개에 몸을 맡긴 마음속의 휴가를 마무리하며 비행기는 청주공항을 향해 날아가고 있다.

눈 깜짝할 사이 비행기는 불빛이 깔려있는 활주로에 몸을 내려놓는다. 어둠은 이틀 간의 외출을 잠재우려는 듯 깊게 내려 앉아있고 공항을 나서는 발걸음들은 피로에 지쳐 무겁게 걸어가고 있다.

추억도 담고 아쉬움은 내려놓고 그렇게 이틀간의 여행은 집으로 가는 발걸음 속으로 사라진다.

칠보 십장생

지금은 빨간 표지에 쓰인 고향은 저만치라는 시집으로 그동안 만들어진 시집들과 나란히 꽂혀 지난이야기를 듣는 듯 그때의 하는 이야기를 풀어본다.

1992년 누런 알곡이 들판에서 너울 춤추는 가을 끝자락 나는 두 번째 시집 〈고향은 저만치〉 출판 기념회를 여러 손님들과 일가친척들, 그리고 문인들을 모셔놓고 시내 어느 뷔페에서 하고 있었다. 그래도 인간 사회를 살면서 학연도 동문도 없는 객지에서 인심을 잃지 않았는지 수백 명의 손님들이 시집 출간을 축하해주려고 오셨다.

그래서 사람은 내가 누구에게 무엇을 해줄 수 있는 가를 삶에 교훈으로 삼은 내 인생의 철학이 맞는 것 같다. 입구의 양쪽에는 알 만한 사람들의 이름표를 단 큰 화환들이 줄서서 손님들을 맞이하며 웃고 있었다. 사회를 보는 친구는 함께 문학회를 하는 김영섭이란 시인이다. 경주 불국사 입구에서 창작활동과 그림을 그리는 김동삼이란 유명한

화가이기도하다. 세월이 흘러 지금은 속세의 미련을 버리시고 스님에 되신 분이고 소나무그림을 아주 잘 그리시는 분이되셨다 그럴 줄 알았더라면 그때 그림 작품을 좀 받아놓을걸 고향은 저만치 표지화를 예쁘게 그려준 고마움 사람이다.

사회자의 손님들 소개가 시작 되고 한분 한분 자리에서 일어나 인사들을 하신다. 지금은 어디에 살고 있는지 알 수 없는 동아리 시인의 노래소리가 잔잔하게 들리고 있다. 그 시인은 주부 가요열창에 나가 대상을 받은 노래와 시를 사랑하든 문인이었다. 분위기가 고조되고 나를 아껴주시는 누님의 축하 메시지를 낭독이 있었다. 어린 시절부터 내 걱정을 너무도 하셨든 누님은 학교 선생님을 하시고 정년을 하시어 지금은 고향에 계시는 분이시다.

누님의 낭독이 끝나고 분위기가 가라앉아 있는 그 순간 입구 쪽이 시끄럽게 웅성이더니 누군가가 사회자에게 무엇인가 전하며 귓속말을 전하자 사회를 보는 친구가 상기된 얼굴로 마이크를 잡고 이야기한다.

"여러분 축하의 선물이 도착 했습니다. 작가의 친척 누님 되시는 대통령 영부인께서 보내신 것입니다!"

모두의 시선이 그를 향해 멈춰진다. 사회자의 소개가 끝나자 시청직원이란 친구가 건네주는 봉황이 그려진 가방이 내손에 넘어왔다. 모두들 궁금하게 느껴질 것 같아 가방 속에서 꺼낸 보자기를 풀었다. 그 속에는 황금빛 봉황이 그려진 칠보 십장생 도자기가 앉아있고 하얀 봉투 하나가 김00 이란 이름표를 붙이고 있었다. 그 속에는 궁금해 하는 모든 사람들을 실망시킨 제일은행권 십만 원짜리 다섯 장.

내가 그들을 위해 재산을 축내가며 대통령 만들기에 노력해준 처음이자 마지막 보답이었다. 그날 그 자리에 참석해주신 분들은 속도 모르고 함성을 지르며 즐거워해 주었다. 한 해 두 해 그들이 만들어준 삶의 고통의 실타래가 아직도 끊어지지 않고 묶여 있어 그들을 원망하고 있으니, 날마다 언론 속에서 불어오는 숨겨놓았던 돈 찾았다는 시끄러운 소리가 들릴 때마다 그들을 향해 날아가는 내 원망의 화살이 심장의 붉은 피를 보려고 하니 난들 어쩌겠는가.

그들의 더러운 소문이 들릴 때마다 하얗고 깨끗하기만 하던 칠보 냄비 속에는 내 인생의 서러운 피멍이 담기고 그들이 도둑질해서 나라에다 뺏긴 돈 냄새가 담겨있고 그래서인지 수십 년 나를 지켜보는 칠보 십장생 냄비도 그 더러운 오물 같은 인간들 때문에 누렇게 색깔이 변해가며 부질없는 행동으로 짝사랑한 내 인생을 비웃고 있다.

한심한 놈 지가 무슨 충신이라고 지가 무슨 깨끗한 선비라고 그 좋은 세월에 도둑질이라도 해서 선거 운동한다고 버린 돈 만들어 삶에 보탬을 하지하며 비웃는 주변 사람들의 비아냥거림소리가 왜 그리도 가슴에 와 닿는지 애꿎은 가슴만 두드리던 시절이 있었다.

지금은 다 지나가고 부질없는 이야기를 담고 칠보십장생 냄비 속에 갇힌 그 동물들이며 푸르른 소나무는 어디에 놓았는지 알 수 없는 내 무관심 속에 아직도 더러운 돈 냄새를 담고 내 시선이 안 보이는 어느 구석에 숨죽이고 감옥 같은 보자기에 싸여 답답해하고 있겠지.

3 휴대폰과 농민

졸업과 취직

요사이 학교를 졸업하고 취직자리를 구하려 다니는 대학생들을 보면 불쌍한 마음을 지나 애처롭기만 하다. 일자리를 찾아 이곳저곳 기웃거리는 모습을 보는 부모의 가슴은 메어지다 못해 터져 버릴 것 같은 심정일 게다.

4년제 대학을 졸업하고 구청에서 모집하는 미화원 모집에 모여든 젊은이들의 모습은 지금 이 나라가 얼마나 힘든지를 보여 주는 한 단면이다. 예전 같으면 상상이나 했을 일인가. 시린 겨울바람에 내던져진 삶이 안쓰러울 뿐이다.

걱정스런 졸업대신 휴학을 택하고 일자리를 찾아 나서는 그들의 앞에는 무엇이 기다릴까. 여기저기서 가계부채가 산더미 같이 쌓여감에 따라 신용불량자가 눈덩이처럼 불어나더니 드디어 온가족이 자살하거나 가족을 뒤로 하고 혼자 목숨을 끊는 일이 비일비재하다.

취업난 때문에 신용불량자가 되고 그것을 비관해서 음독 자살했다는 언론보도가 시끄럽게 들리면 얼굴 돌려 외면하고 싶다.

기업이 살아야 일자리를 만들고 그 속에서 졸업생들의 갈 곳이 생긴다. 그러나 지금의 현실은 일자리를 만들 대책을 세우는 이 없고, 대기업은 정치자금에 휘말려 전전긍긍하며 검찰의 눈치보기에 바빠 신입사원은 뽑을 생각도 안하고 있다. 일을 이 지경으로 만든 정치인들은 싸움판 벌이랴, 제몫 챙기랴, 민생에는 관심이 없으니 거리에 내몰린 학생들의 앞날은 누가 책임질 것인가.

국민소득 몇 만 불 소리가 무색할 정도로 가난해져 버린 나라. 서민들 모두가 알맹이는 다 파먹고 배고픈 쭉정이뿐인 빛 좋은 개살구 같은 살림. 하루 몇 푼 벌이를 위해 새벽바람을 맞으며 거리에서 서성이는 노동자.

몇 장의 신문지와 고물을 줍기 위해 온 거리를 헤매는 사람들. 부자는 돈 쓸 곳이 없고 가난한 사람은 없어서 못쓰는 빈부의 격차가 점점 더 넓어지는 지금의 현실을 과연 함께 사는 세상이라고 말할 수 있는 것인가.

고통을 당연하게 느끼며 사는 순진한 국민은 뉴스 때마다 터져 나오는 몇 십억, 몇 백억 차떼기가 건너다니는 세상을 보며 격세지감을 느낄 수밖에 없다. 그래서 옳지 않은 일인 줄 알지만 부와 권력의 그늘에라도 서고 싶은 마음을 알 것 같은 세상이다.

취업 재수생들이 줄서 있는 바깥 세상에 뛰어드는 졸업생들을 받아

줄 곳이 어디에 있을지. 또 그들의 기를 살려줄 수 있는 일이 있을까. 경기침체가 하루빨리 지나가고 일자리를 찾지 못하는 젊은 졸업생들이 마음의 문을 열고 의욕적으로 삶을 개척할 수 있는 날이 다가오기를 바라는 마음이다. [2003년 12월 31일 대전매일]

기와지붕

모두가 곤하게 잠을 자다가 먼동이 트는 것에 놀라 눈 부비는 시간 어둠이 떠나기 싫어 걸음을 멈추고 있었다.

새벽 다섯 시 나도 모르게 눈을 뜨고 주섬주섬 옷을 입고 어딘가를 가기 위해 준비를 하고 오랜만에 잊어버리고 있었던 내 할 일이 기다리고 있다는 것에 감사하며 서두르고 있는데 전화벨이 요란하게 울린다.

"사장님 언제 나오세요?"

기와를 파는 가게다 물건을 다 실었으니 출발하자는 전화다. 작은 일이지만 내가 서있을 하루가 나에게 제공되었다는 것. 어쩌면 십여 년을 기다린 사람을 만나는 기분이다 내가 집 짓는 사업을 그만 둔지 십여 년이 벌써 지났나. 할 일을 잊어버리고 살았다 밤새 달려오는 누군가를 만나려 가는 것처럼 마음이 들떠 있었다.

일터가 있는 공주로 가는 차 속에는 무거운 침묵이 가라앉아 있었다. '왜 일까' 수없는 날들을 같은 일을 반복해도 두려움도 부담도 없었는데 벌써 늙었다는 건가?

일을 할 집 앞에는 벌써 대문이 열려 있었다. 어제 저녁 일을 할 거라는 전화를 주고받았기에 대문을 열어 놓으셨나보다.

잠시 생각에 잠겨있는데 휴대폰 소리가 귀를 놀라게 한다. 기와를 싣고 오는 기사인데 공주 어디쯤이냐고 묻는다. 구수한 경상도 사투리다. 반가운 목소리 혹시 오지 않을까 늦으면 어떡하나 걱정하였는데 제시간에 도착할 수 있다는 목소리에 안도의 숨을 쉬며 도착하는 차를 기다리며 대문 앞을 서성였다. 가끔 물건을 주문하면 착오가 생긴다든지 혹시 오다가 화물차가 고장 나서 일을 그르치는 때가 있기에 도착할 때까지는 마음을 놓을 수가 없었다.

"사장님 일찍 나오셨네요?"

등 뒤에서 들리는 목소리, 오랜만에 들어보는 반가움에 고개를 돌려 돌아다보니 기와를 씌우려고 온 기술자다. 울컥 목으로 치밀어 오르는 그 무엇이 나를 흥분하게 한다. 얼마 만에 들어보는 말인가.

기다리던 차가 도착하고 하나씩 차에서 내리는 기와처럼 내가 잊어버리고 살았던 무엇이 생각난다. 내려진 기와를 지붕위로 올려놓으면서 밝은 웃음으로 대화를 나누는 일꾼들 그들도 어려운 시기에 하루라도 일할 거리가 있다는 것이 고마운가보다. 기와를 사용하는 건물이 줄어들면서 이 분야에 일거리가 없어서 작은 일이지만 할 수 있다는 것이 그들에게는 좋은 것 같았다.

나는 몇 번씩 이층 지붕 위를 올라 다니며 확인하고 또 확인하며 실수하지 않을까. 옛날처럼 마음을 놓을 수 없는 두려움에 가슴이 답답하였다. 천하에 내가 한꺼번에 수십 동의 집을 지어도 거뜬히 해내든 내가 왜 두려움에 떨고 있는지! 너무 오래 그 분야에 손을 놓고 있어서 일까 ?

멀리 있는 나에게 일을 맡겨준 사람들에게 좋은 이미지를 남겨야 되는데 후들거리는 다리를 가누며 높은 곳을 오르락내리락 하니 보고 있던 주인이 한마디 던진다. 그냥 감독만 하는 사장님인 줄만 알았는데 그렇게 책임감이 강한 분인 줄 몰랐다며 칭찬을 하고 있다. 그런 주인의 말도 아랑곳하지 않고 일꾼들에게 연신 당부를 한다. "잘해달라고!" 일 잘하기로 소문난 분인데 그래도 믿지 못하는 내 마음이 다소 원망스러웠다.

그동안 바꾸어진 내 삶의 시간 때문일까? 해가 서산 에 걸려 눈시울을 붉히는 시간 일은 마무리가 되어가고 깔끔하게 씌워진 지붕의 빨간 모자를 보고서야 나는 안도 의 한숨을 쉬고 있었다. 일을 마무리하자 주인남자가 들고 온 막걸리 에 돼지고기 찌개를 시켜 일한 분들과 함께 마당에 앉아 담소를 나누며 기술자는 내게 한마디 던진다.

"사장님, 까다로운지 알지만 오늘 은 자기들이 불안할 정도로 심하셨어요."

그렇다. 왠지 내가 불안하였다. 잘못되면 어떡하나 혹시라도 나중에 하자가 생기면 주인얼굴을 어떻게 볼 것이며 다시 기술자를 불러야 하는데 어디에 있는지 그리고 이곳까지 다시 오라고 하기가 미안하고 그래서 완전하게 하려고 했던 것이다.

마무리가 깨끗하게 잘 되었는지 고맙다는 말을 하는 주인부부의 미소 속에 불안했던 내 마음을 모두 태워버렸다. 작업하신 분들에게 인사를 하였다.

“고맙습니다. 수고했습니다.”

그들의 손을 잡으며 일을 한 인건비에다 저녁 식사 값과 회식비를 주면서도 아깝지 않았다. 안녕히 계시라는 그들의 손짓이 노을 속으로 붉은 미소를 띠며 산 고개를 넘어 가고 있었다. 너무도 긴 하루였다.

주인부부의 배웅을 받으며 돌아오는 발걸음이 하늘을 날아갈 것처럼 가벼웠고 오랜만에 내 일을 했다는 것에 가슴이 뜨거웠다.

살아있다는 것이 참 행운이다

저녁 식사를 마치고 텔레비전 앞에 앉아 오랜만에 드라마를 보고 있었다. 조금은 지루함을 느끼며 졸음 오는 눈을 비비는데 [속보] 미국 뉴욕 무역 센터에 큰 불이라는 자막이 쓰였다. 그냥 불이 났겠지. 그 순간 드라마는 중단되고 TV 화면이 바뀌었다. 영화 속의 한 장면이었다.

화염에 쌓인 큰 건물이 불타고 있었다. 잠시 후 커다란 여객기 한대가 자연스럽게 건물을 향해 돌진하더니 검은 불꽃을 일으키며 폭파된다. 순간 건물은 파편을 날리며 불을 토하고 믿어지지 않는 일이 영화 속에서나 볼 수 있는 장면이 연속으로 일어난다. 눈을 의심하며 TV 소리를 키웠다. 테러라는 아나운서의 설명과 모든 것이 사실이란다. 순간 그 속에서 무엇인가 하던 사람들의 모습이 떠오른다.

아침시간 남보다 부지런하게 출근하여 일을 하던 사람들, 가족을 생각하고 있었을 사람, 사랑하는 연인을 생각하고 있던 사람, 잠시 후에 일어날 일 모른 체 주검 앞에 줄 서 있다는 것도 모르면서 앞을 볼 수 없는 장님처럼 무능한 사람으로 기다리고 있었으니, 누가 무슨 목적으로 저 많은 사람들의 목숨을 담보로 테러를 저지르는가?

그리고 수많은 인명을 희생시키며 여객기에 타고 있는 사람들까지 죽음으로 몰고 갔는가.

순간 그들은 가족들의 모습이 떠오르지 않았을까. 밤새 안녕 이라는 말이 실감난다. 놀라움 과 두려움이 한꺼번에 밀려온다.

삶과 죽음 시간과 시간 사이 에 놓여진 막을 수 없는 일 그 공간에서 우리는 살고 있다 돌이킬 수 없는 스스로가 아닌 남의 보복과 실수로 인해 살아있다는 것을 버리게 된다 누구도 대신 할 수 없는 일 대신 가고 싶지도 않는 길 그 길목 앞에서 초조하게 기다리고 있다.

잠시도 쉴 새 없이 무너져 내리는 TV속에 무역센터 하루 종일 이 뉴스 저 뉴스 속에서 수백 번도 더 무너지고 불나고 폭파되고 있다. 그 가족들의 두려움과 아픔은 얼마일까?

시간을 되돌려 그전의 시간으로 돌아갈 수 있는 타임머신이 있다면 수많은 생명 과 아까운 건물을 다시 세워 놓을 수 있을 텐데. TV를 되돌려 정지 시켜놓고 싶은 마음 누구나 같은 생각일 것이다. 우리가 살고 있는 이 땅은 어떨까 그냥 걱정 없이 살아도 되는 걸까?

저녁 식당 이곳저곳 계모임하며 하는 이야기 더도 덜도 말고 현재에 만족하고 살자 내일을 알 수 없으니 라는 대화가 이구동성으로 지껄인다. 삶과 죽음이 시간과 시간사이에서 바뀌지는 현실을 보며 누구라도 그런 생각을 할 수 있겠다.

내 것 같으면서
내 것이 아닐 수도
시간에 쫓기는 발자국
붙잡을 수도 없이 달려간다.
생각할 시간은 잠시뿐
뒤돌아봐도
보이지 않는
앞을 쳐다봐도
쉽게 잡을 수 있는 끈이 보이지 않는다.
— 졸시 「삶」

현재 어느 곳에서든지 살아있다는 것은 참 행운이다 어제까지도 느낄 수 없었던 삶의 소중함이 불평불만을 버리게 해주었다. 언제나 오늘처럼 좋은 마음으로 누구를 기다린다는 순수하고 따뜻한 내 마음이었으면….

삶과 죽음 죽임과 죽음이 널브러지게 널려있는 이 시간과 시간 사이에서 내가 살아있다는 것이 행운이라고 생각하며 살아가고 싶다.

휴대폰과 농민

황사의 나라로 날아가는 비행기 속에서 나는 내가 모처럼 만에 한가하게 여행을 하게 된 것에 대해 마음속으로 고마움을 느끼고 있었다. 복잡한 도시의 소음소리를 뒤로하고 비행기 창밖으로 늘려있는 볼수록 시원한 파란하늘 지워지지 않는 구름을 바라보며 하늘을 날고 있었다.

잠시 고개를 돌리고 들뜬 마음을 가라앉히며 시상을 떠올려 본다.

1시간 40분 도착 예정 시간이다. 멀게만 느껴지든 먼 나라가 내 앞에 와있다. 베이징 공항 더운 온기가 얼굴로 날아와 숨통을 막는다. 황사의 나라 황색 모래바람이 콧속을 파고든다.

복잡한 입국절차를 끝내고 공항을 빠져나가니 버스가 기다리고 있었다. 일행은 버스에 올라가니 시원하게 에어컨이 틀어져있었다. 함께 간 한국인 인솔자에게서 바통을 넘겨받은 가이드 는 연변 출신 우리 동포였다.

"안녕하십니까? 저는 여러분들을 앞으로 삼박 사일 동안 안내할 안내원입니다."

그 친구는 인사와 함께 중국의 역사와 앞으로 안내할 여러 곳을 설명하고 중국과 한국에 대한 모든 일들을 우리보다 더 잘 알고 있었다. 안내를 하려니까 알아야 되겠지만 어떻게 그렇게 알 수 있느냐고 물었다. 그 친구이야기 위성 안테나를 몰래 설치해놓고 한국방송을 매일보고 있어 다 알 수 있단다 안내원이란 직업이 너무도 잘 어울리는 사람 같았다.

이런 저런 이야기를 하다가 한국의 국내 이야기를 한다 대통령 의 아들 의 돈 문제 그리고 사회주의 국가에서는 경제 사범은 지휘 고하를 막론하고 총살형이란다. 그들이 중국에 있었다면 어떻게 되었을까?

그리고 농민의 농산물 개방 에 대한 이야기를 한다 마늘 파동 이야기를 하다가 그는 역정을 내면서 농작물을 개방을 하는 대신 휴대폰을 사주기로 했단다. 그는 어려운 이야기처럼 하지 않고 쉽게 내뱉는 이야기, 그들의 세계에서는 모두 알고 있는 일인 것 같다.

그도 조선사람 이라며 자기도 고향에서는 농민이었다며 농사꾼들이 얼마나 힘든데 재벌들을 위해 농민을 힘들게 하다니 그 휴대폰 파는 재벌들이 농민에게 휴대폰 팔아 번 돈을 나누어 가져야 된단다. 그 친구의 말 이 사실이라면 소름이 끼치는 일이다 농민들이 이 사실을 안다면 자기들이 직접적으로 소외당하고 있다는 것을 안다면 그 분노를 어떻게 할 것인지? 옛 속담처럼 아니 땐 굴뚝에서 연기가 나는 것일까?

언젠가 알아야 될 일이지만 가진 자가 늘 이득을 보아야 되는가. 나처럼 중국여행을 하는 농민들에게도 그이야기를 할 수밖에 없는 가이드의 말을 누가 막을 것인가. 정치를 한다는 양반들은 밤낮으로 자기들 싸움박질 하느라 국민이 아픈지 죽는지도 모르고 싸움닭처럼 깃을 세우고 싸움만 하고 있다. 그러니 정부가 휴대폰을 팔고 농민들을 힘들게 하는지는 아랑 곳 없는 나라를 만들고 있으니 이일을 어떡하나?

국민을 위해 일하라고 뽑아준 의원님들의 제 밥그릇 찾기가 바빠 무관심 속에 농민들의 가슴을 울리고 피땀으로 지어놓은 농작물을 모두가 썩어가고 근본이 무너지고 있는 나라로 달려가고 있으니 한심할 일이다 제 살을 제가 베어 먹으면서도 좋다고 웃고 있는 나라 가되어 가고 있다는 이야기로 마무리를 하며 안타까운 듯 쳐다보는 눈빛을 나는 피하고 말았다.

다음날부터 그의 말처럼 발광이다 그 뜻은 발로 돌아다녀야 된다는 것이다 대륙이 큰 만큼 여기저기를 관광하려면 계속 걸어 다니며 구경을 한다는 것이다. 천안문광장을 뒤로하고 자금성 넓은 궁궐은 황금색 대궐이었다. 하루 종일 발 아프도록 궁궐 하나 구경하는 것으로 끝냈다. 피로하고 치친 몸으로 호텔에 돌아오니 발은 퉁퉁 부어있었다.

다음날은 만리장성이다

오랜만에 나온 외국여행이 삼박 사일 동안 마음속에 무거운 짐을 가득 담은 느낌이라 힘만 들고 즐거운 기분 없이 중국여행을 마쳐야 했다. 돈 많은 재벌들이 농민들의 울부짖음을 듣는다면 그들이 어떤 얼굴로 쳐다볼까 상상을 해 보나 여행길 내내 무거운 발걸음이었다.

책가방 이야기

지금은 추억 속에 묻혀 기억을 들추어내야 겨우 생각이 나는 유년시절 어느 시골길에 아이들이 달음박질을 하며 학교로 가고 있다. 허리춤에 둘러맨 책가방 아닌 흰 보자기에 책이랑 공책이랑 필통을 싸가지고 십리 길을 내달리면 필통 속에 몽당연필들이 사물놀이처럼 덜거덕거린다.

새까맣게 잊어버린 초등학교 시절 타이어 표 검정고무신발. 오래도록 신으라고 어머니는 발보다 큰 것을 사주셔서 땀이 나서 자꾸 벗겨지면 귀찮아서 신발을 벗고 맨발로 뛰다가 작은 돌멩이를 밟으면 찢어지게 비명을 지르면서도 지각할까 두려워 주춤거리지 못하던 학창 시절이 있었다.

하얀 칼라가 눈부신 까만 교복을 입고 으스대면서 상급학교에 입학하든 날 손에 들고 다니는 끈 두개짜리 손가방 양쪽에 국어, 영어, 수학 처음 보는 책들을 가득 넣고 어깨가 늘어져도 즐거웠던 그 시절. 지금 거리를 활보하는 젊은이들의 어깨에 걸쳐진 배낭 같은 가방을 보며 격세지감이 느껴진다.

어느 누구의 눈치도 간섭 없는 자유로움 규율 선생의 감시도 부모님의 꾸중도 들을 필요가 없는 이 시대의 젊은이들의 공간에는 초등학생인지 중고등학생인지 분간을 할 수 없이 크게 자라 버린 아이들이 거리낌 없이 등산용 가방을 매고 거리를 활보하고 여학생 손을 잡고 맛도 모르는 담배를 폼 나게 피워대도 누구하나 꾸중하지 않는 학생들의 천국. 예전 같으면 상상도 할 수 없는 스크린이 돌아간다. 지금 시대의 청소년들에게는 그 시절을 살았던 사람들의 이야기를 모르는 게 너무 많을 거다. 그들은 오른쪽 어깨가 늘어지도록 무거운 가방을 들고 땀을 흘리던 호랑이 담배 피우던 시절의 이야기를 TV드라마로 보며 의아하겠지.

학교공부가 끝나면 쏜살같이 집으로 가야되고 부모님의 심부름이 목을 늘이고 기다리고 있었으니 그때는 왜 그리도 시키실 일들과 심부름이 많았는지. 어쩌다가 친구들과 한눈팔며 거리를 헤매다가 선배를 만나면 기합으로 엎드려뻗쳐를 하던 시절 혹시라도 다른 반 선생님들에게라도 걸리면 어떻게 일러 바쳤는지.

다음날 학교에서 단임 선생님의 호출과 동시에 회초리로 손바닥과 종아리에 피멍이 들어도 눈물을 삼키며 반항 한번 할 수 없었던 우리들 나이의 책가방 속의 비밀. 어디에서도 소리 내어 크게 말 못하고 속으로만 삭이며 공부하던 학창 시절.

내 옆에서 다 커버린 아이들을 바라보며 그 아이들의 자식들은 어떤 활동사진 속에 모습으로 살아갈지 마음의 책가방이 무거워진다.

한 움큼 햇볕이 내려 쬐는 운동장을 뛰면서 콧속 하나 가득 그리움이 담겨지던 그 날들은 추억 속에 묻히고 아직도 보자기에 싸서 허리춤에 동여매고 달리던 사물놀이 소리가 그리워진다.

'달그락, 달그락, 얼쑤.'

춤을 추던 책가방은 내 추억 어디에 숨어 피곤에 지쳐 잠들고 있는지 꺼내볼 수가 없다.

허리춤에
학창시절 이야기가
소리를 지르며
노래를 부르며
달그락 그린다.
필통 속에 몽당연필이
몸을 비비며
이리 뒹굴 저리 뒹굴
뾰죽하던 머리는 부러지고
학교운동장을 돌아
교실로 들어가면
친구들의 책보 속에서도
시끄러운 소리가
세월 저만치
추억 속에서 들려온다.

예전에는 그랬었다

지금부터 오래전 이야기다. 절친한 후배와 약속이 있어 전라도 군산 횟집을 찾아가다가 길을 잘못 들어 길을 잃은 적이 있었다. 그러다 보니 변두리 시골길을 거쳐 시내로 들어오게 되었다

해가 뉘엿뉘엿 넘어가려는 저녁 석양이 하늘을 붉게 물들이며 아쉬운 이별을 하는 시간. 마침 혼자 차를 몰고 가는 길이라 이곳저곳 차창 밖으로 보이는 농촌의 푸근한 냄새를 맡으며 길을 달려오는데 저만치 무거운 바구니를 가지고 가시는 아주머니들을 보고 언제나처럼 차를 세우고 차창을 내리고 물었다.

"아주머니, 어디까지 가십니까? 제가 시내 쪽으로 가는데 모셔다드릴까요?"

차 문을 열었다. 봄나물 향기가 코끝에 와 닿는다. 투명비닐 봉지 속에는 벌금자리 냉이가 가득 담겨있었다. 봄나물을 캐러 나왔다가 버스를 놓쳐 걸어가는 중이라고 말한다. 봄 냄새가 콧속으로 스며들어 좋

은 기분이었다.

아주머니들은 서로 이야기를 나누고 편하게 가게 되었다고 좋아 들 하셨다. 그러던 중 아주머니 한 분이 자동차 번호판 을 보지 못했는지 물었다.

"아저씨 어디서 왔소? 여기사람 목소리가 아닌데…."

순간 안색이 굳어지며 성난 얼굴로 묻는다.

"대전서 왔습니다."

그렇게 대답을 했더니 목소리가 경상돈데 대전은 무슨 대전, 투덜거리며 괜히 탔다는 듯 중얼거린다.

"아주머니 경상도면 어떻고, 전라도면 어떠며, 다 같은 한국 사람인데 무슨 감정이 있습니까?"

그래도 아랑곳하지 않았다.

"아저씨, 예전 같았으면 이곳에 와서 다니지도 못했을 거랑게."

문뜩 누군가가 이야기 해주던 말이 생각난다. 그쪽에 가거든 말을 함부로 하지 말아라. 다친다. 그렇게 이야기 해주던 친구 의 말이 진실임을 알았다. 소름이 끼쳐오는 것을 느끼며 아주머니들이 두려운 사람들로 보인다.

경상도 전라도 충청도 어리석은 정치인들이 만들어놓은 지역감정이 순수한 시골 아낙네의 가슴속에 깊은 골을 파놓고 눈에 살기를 담아놓았는지? 나는 나도 모르게 온몸이 저려오는 느낌이다. 목적지에 다 왔는지 아낙네들은 퉁명스럽다.

"여기 내려 달랑게."

그러고는 고맙다는 인사는커녕 차 문을 쾅 닫고 뒤도 안 돌아보고 간다. 인간이 할 수 있는 일인가. 아무리 다른 지역 사람이라고 자기들을 편히 모신 사람인데! 너무도 황당하다 내가 인덕이 없어서인가. 옛말에 무엇 주고 뺨 맞는다고 그 시간 이후의 내 기분은 엉망이 되고 두려움이 느껴졌었다.

'염병할~ 나라가 왜 이 모양인가. 어느 누가 이 지경을 만들었는지 얼굴도 같고 색깔도 같은 인종인데 한나라에서 서로를 증오하고 말을 붙이지 않으려 하는지?'

세월이 흘러 지금은 다 지난 이야기가 되었지만 올해에 선거가 많은 해이기에 혹시 그때처럼 지역주의를 떠들어대는 정치꾼들 농간에 휘말려 순진하고 착하기 만한 국민들이 옛날로 돌아갈까 두려운 마음이다.

권력을 잡으려고 욕심을 부리려면 저희들끼리 싸움이나 하지. 왜 착한 국민을 이용하는지 그런 일이 다시는 없기를 바라는 마음이다.

중고 자동차

오늘따라 어수선한 마음으로 쫓기는 느낌.

왠지 불안한 마음! 시내를 가로질러 사거리 신호등의 눈짓을 따라 좌회전을 했다. 친구가 늘 그림을 그리고 있는 화실을 향해 가고 있었다.

수없이 매달린 간판들의 이름들 국적을 알 수 없는 언어들이 얼굴을 들고 시선을 끌어당긴다. 한동안 정신없이 가는데 운전석으로 스며오는 이상한 냄새. 혹시 냉각수가 넘치나? 생각도 잠시 순간 "펑"소리 푸른 신호등이 켜지고 건널목을 건너오던 행인들이 깜짝 놀라 내자동차를 향해 시선을 모으고 있다.

운전석이 앉아있던 나는 심장이 멎는 듯한 순간이었다. 엔진이 있는 앞부분에서 더운 김이 솟아오른다. 냉각수가 끓어 넘치며 나는 냄새와 더운 바람이 얼굴을 덮는다. 우선 잠시 마음을 가다듬고 차에서 내리기 전 비상등을 켜고 차를 가장 자리로 옮겨놓고 주변을 둘러보았다. 자동차 수리센터가 있는지 두리번거리고 있는데 지나가던 분이 내 마음을 알기라도 하듯 저쪽에 카센터가 있다며 위치를 알려준다. 인사를 하는 순간 車에게 죄스러운 마음이 든다.

쇳덩어리도 늙어지니 고장이 자주 나는가보다. 너무 많이 부려먹은 것인가. 그동안 그래도 손수 아는 대로 이곳저곳을 만져주며 수리를 하였는데 나이는 사람이나 자동차나 못 속이는 가보다. 구석구석 늙고 병들어 이것을 고치면 저것이 고장이 났었다.

돈이 많이 드는 것에 고장이 났으면 어떡하나. 우선 주머니 걱정이다. 차에서 내려 장갑을 끼고 엔진 덮개를 열었다. 아직도 뜨거운 엔진 위에 물기가 있어 더운 김이 올라온다.

그리고 자세히 보니 고장 난 곳이 보인다. 엔진을 식혀주는 냉각수를 보내주는 굵은 호수가 수술대에 올라 배를 가르고 속살을 보이고 있었다. 순간 나는 눈시울이 적셔진다. 아무리 고물 자동차지만 나를 움직이게 하는 발이 되고 내일을 도와주었는데 오래된 것은 바꾸어주고 닦아줄 것을. 사람도 이차처럼 늙고 병들어지면 아픔이 있는 것을 미안한 마음이다.

지난겨울 어디를 갔다가 눈길에 미끄러져 앞이마 한쪽에 상처를 만들어 보기 흉한 꼴을 만들어 놓고도 얼마 후 차를 교환한다는 생각을 하다보니 내 발이 되고 내일을 도와주던 고마운 물건인데 수리를 안 해주고 끌고만 다녔으니….

우선 치료부터 해주자 수리 센터를 찾아보려고 이곳저곳 두리번거리며 걸어가는데 문득 머릿속을 스쳐가는 생각 그래 내 손으로 고쳐주자 조금은 힘들더라도 내 손으로 고쳐주면 차도 좋아할 것 같았다.

그러면서 부품 점을 찾아보기로 했다 자동차에서 뽑아낸 배 갈라진 호수를 들고 이곳저곳을 한참을 헤맨 끝에 자동차부품 판매거리란 입간판 이십 여분을 헤맨 끝에 찾아낸 부품점이다 내가 탄 차와 같은 자동차 마크가 그려진 가게 문을 열고 들어갔다.

주인에게 가지고 간 터진 호스를 보여주고 같은 것으로 달라고 했다. 주인아주머니가 나를 쳐다보며 이상한 눈빛으로 종업원을 부른다. 내 모습이 자동차 수리 점을 할 사람처럼 보이지 않는지 고개를 기우뚱거리다가 오래된 부품이지만 찾아보라고 지시한다.

"이거 오래된 부품이라서 있는지 모르겠네요."

그리고는 창고 쪽으로 간다. 한참을 기다린 끝에 종업원의 손에는 닮은꼴의 호스가 들려 있었다.

"한참을 찾았어요."

종업원은 큰일이라도 한 것처럼 으스댄다. 얼른 받아 쥐며 돈을 건네주고 부리나케 돌아와 병을 치료하는 의사의 마음으로 볼트를 풀고 호수를 갈아 끼웠다. 그리고 더운 입김을 뿜어내며 입을 벌리고 있는 라지에터에 시원한 물을 부어주며 말했다.

'미안하다, 내가 너를 타고 다니는 날까지 아픈 곳을 미리미리 치료해 줄게.'

그나마 손재주가 있는 덕에 내 손으로 고치고 내 주머니도 가볍지 않게 하고 일거 양덕 이란 말을 이런 때 쓰는 것이 적격인 것을. 사람이나 물건이나 고장이 많이 나면 늙었다는 것 모두가 병들지 않고 조심스럽게 자신을 수리하며 살아야 되겠다.

나는 나도 모르게 큰 이득을 본 사람처럼 개운한 마음이었다.

나 늙으면
당신과 살고 싶어
허물은 털어 버리고
욕심 같은 것 던지고
산다는 것은 그런 거라고
이해하고 담아주고
나 늙으면
당신과 살고 싶어
그냥 아무 이유 없이
살고 싶습니다.

비록 고물자동차이지만 생명이 있는 것인데, 모든 것 모두를 사랑하며 함께하는 날까지 살아가야 될 텐데 마음을 굳혀본다.

주례사

차가운 겨울바람이 길 위를 휘저으며 몸속으로 스며드는 날, 휴대폰 소리가 귀를 시끄럽게 한다.

"형님, 순기한테서 전화가 안 왔어요?"

"아니."

대답을 한 후 무엇 때문인가 뜬금 맞게 웬 전화!

"왜? 전화한다고 했나?"

내가 물었다.

"형님 나한테 전화가 왔는데 무슨 부탁을 할 게 있다는데요!"

부탁은 무슨 부탁, 그 사람이 나한테 부탁 할 일이 무엇일까? 손 박사는 중요한 일인 것처럼 전한다. 속으로 모르는 사이도 아닌데 직접 전화를 하지 누구를 통해서 한다고 하니 조금은 그렇다.

"그래, 무슨 일이라데?"

"형님한테는 어려워서 말을 못 꺼내겠다며 나한테 이야기 좀 해 달래. 손 박사가 말하기를 사람들이 형님은 어려워서 대화를 잘못하겠대요."

"그래! 서론은 치우고 무슨 부탁이야?"

손 박사는 계속 이야기를 한다. 1월 30일 일요일 날 순기 딸이 결혼을 한데요. 형님보고 주례를 좀 서 달래요.

"야, 주례는 무슨 주례! 늙은이 되는 것 싫다."

이 나이에 무슨 주례야. 이야기를 하고 보니 벌써 내 인생의 나이가 그렇게 늙어버렸나. 손 박사는 자기 일인 것처럼 다그쳤다. 그래도 좀 그렇다. 가까운 사람이 먼저도 자기아들 주례를 부탁했었다. 신랑 될 사람까지 부탁한다고 사정을 했는데 거절을 한 적이 있었다.

"야, 대학교수님한테 부탁을 하든지 하라고 해! 아니면 내가 한 분을 추천 해준다고 해."

손 박사는 투덜거리며 좀 서주지 하면서 궁시렁거리더니, 순기한테 전화하라고 할게요. 하고는 전화를 끊었다. 며칠 후 순기한테서 전화가 왔다.

"회장님, 우리 딸 결혼하는데 주례 좀 서주세요?"

죽을 때까지 이야기하는 주례선생님인데, 그리고 두고두고 보아야 하는 주례 선생님과의 사진촬영, 그리고 비디오 속에서 들을 수 있는 목소리인데 회장님의 좋은 음성을 담고 싶단다. 여러 말로 뿌리쳐 보려고 했지만 너무도 간절하게 부탁을 하기에 대답을 하고 주례사를 내가 직접 써 가지고 읽어주기로 마음을 먹었다.

결혼식 주례는 하객들에게 지루함을 주지 말아야 한다. 가끔 예식장에서 주례사를 읽을 동안 하품을 하며 지루함을 느낄 때가 있었다. 주변에서 웅성이며 불평을 하는 사람들의 이야기를 들으며 내가 주례를 선다면 하고 마음속으로 생각을 해보기도 하였다.

그래서 주례사를 아름다운 글로 지어 새로운 삶을 시작하는 신랑신부에게 삶의 지표가 되도록 해주기로 했다. 주변의 우리 회원들도 이구동성이다. 한쪽은 회장님 젊으신데 무슨 주례냐며 이야기하는 사람도 있고 해도 된다는 사람도 있다.

회원들의 젊다는 말에 그래도 기분 좋은 일이다. 나이보다 젊게 보아주는 사람들이 고맙다. 내 친구들 모두가 늙은이로 보이는 것이 사실이다. 가끔 친구의 친구와 같은 좌석에 있을 때 친구에게 '야, 너' 이렇게 이야기를 하는 것을 보고 그 친구들이 이상한지 물어오는 적이 있다.

주민등록 까볼까요? 이렇듯 나는 다른 친구들보다 젊어 보이는 것은 사실이다. 동심으로 글을 쓰며 살아서 그런 것이다. 하루하루 결혼식은 다가오고 주례사를 마무리해서 결혼식전에 신랑 신부를 만나보자.

어떻게 생겼을까?

신랑은 얼마나 늠름할까?

신부는 얼마나 예쁠까?

약속 장소를 찾아가며 내내 궁금하였다.

그곳에는 엄마인 순기가 있었다. 신부가 미장원에 갔는데 세 시간이 걸린단다. 올 시간이 다 되었다며 차를 한잔하며 기다리자며 차를 주문한다. 한 시간을 기다리니 신랑 신부라며 내 앞에선 그들은 인사를 한다. 그런데 내 앞에서 있는 신부는 초등학교 육 학년생이다. 눈망울이 초롱초롱 빛나고 눈이 참 맑았다. 마음이 착하겠다. 신부의 손을 꼭 잡고 있는 신랑도 아이다.

철없이 순박한 시골 아이 같은 두 사람 모습은 천생연분이다. 서로 떨어질세라 내 앞에서도 손을 꼭 잡고 서로를 번갈아 가며 바라보며 입가에 웃음을 멈추지 않는다. 다시 그들을 바라보면서 속으로 이렇게 어린 아이들이 결혼을 한다는 것이 믿어지지가 않았다. 참 좋은 한 쌍이다. 그들에게 삶을 살아가는데 필요한 몇 가지를 이야기해주고 두 사람을 위해 쓴 주례사와 시를 읽어주었다.

어린 신부는 감동의 눈시울을 적시고 있었다. 시를 좋아하는 아이라는 엄마의 이야기를 뒤로하고 결혼식장에서 만나기로 약속을 하고 돌아서는 그들의 모습에서 참사랑의 삶이 시작되는 것을 볼 수가 있었다.

2005년 1월 30일 결혼식에 참석하기 위해 손 박사와 함께 예식장을 들어섰다. 복잡한 주차장에서 지체하는 시간이 많아 늦을까봐 마음 조이며 예식장의 홀에 들어서니 순기가 서방님과 함께 하객을 맞이하고 있었다.

"어서 오세요."

두 사람이 반갑게 맞이한다.

예식 홀에는 아직도 먼저 한 결혼식이 끝나지 않았다. 시간이 다가와 자리는 정돈되고 주례석에 앉은 나는 떨림이 있다. 무대 체질이라고 자랑하는 내가 떨림이 있는 것은 행복한 출발하는 두 사람의 주례를 얼마나 잘 서줄까 하는 마음이 나를 떨게 만들고 있었다. 사회자의 목소리 속에 주례선생님의 소개를 하는데 내 소개가 그렇게 길고 많은 줄 몰랐다.

신랑 신부 어머님 촛불 점화가 있고 주례석에서 신랑 신부를 기다리는 나는 하객들의 시선이 뜨겁게 느껴진다.

"신랑 입장!"

사회의 말이 떨어지고 하얀 연미복을 입은 신랑이 걸어오고 있다. 그 모습은 며칠 전 철없는 떡거머리 미소년의 모습은 사라지고 핸섬한 청년으로 변한 신랑이 다가와 고개를 숙인다. 놀라움이다! 이렇게 변할 수 있는 것인가?

"신부 입장!"

하얀 면사포 속에 얼굴 숨기고 아버지의 손을 잡고 들어오는 여인은 어린 천사였다. 눈망울이 맑은 신부의 손을 건네받은 신랑은 신부 아버지에게 머리 숙여 인사를 하고 돌아선 그들은 너무도 아름다운 한 쌍이다.

삶은 두 사람이 사랑하고 양보하는 마음으로 살아가는 것이 행복이라는 주례를 마치고 그들을 위한 시를 두 편을 읽었다. 주례가 주례사로 시를 읽어주는 것 아마도 내가 처음일거다.

내가
내 가슴속에
담을 수 있는 것은
보고픔
그리움
모두 다 하나 가득
내가
작은 입으로
말할 수 있는 것은
너를
사랑한다는
그 말 뿐.

—「사랑-할 수 있는 것」

얼마나 좋은 글인가. 신랑 신부를 처음 만났을 때 이 글을 읽어주니 감동의 눈물을 흘렸든 신부의 눈망울이 다시 떠오른다. 다시 한편의 시를 읽었다. 사랑이야기다.

파란 하늘 도화지위에
둘도 아닌 당신모습 그려 놓고
날마다 거울 보듯 보고 싶으면
꺼내볼 수 있는 그런 당신
하얀 햇살 밭에
수정 알 같은 당신 모습

언제나 보고 싶다는 말을
내 마음 가득 담아 던지렵니다.
내가 그대를 사랑하는 것은
당신모습이 아름다워서가 아닙니다
내가 당신을 사랑하는 것은
당신의 궁전이 훌륭해서도 아닙니다
그냥 당신이 좋아서
사랑하는 거랍니다
보고 싶다는 말하지 않아도
날마다 볼 수 있는 그런 사람 이었으면 합니다
작은 주머니 속에
담을 수 있다면
언제 어디서나 꺼내 볼 수 있는 그런 사랑
내 마음을 전부 주어도
영원히 넘치지 않는
그런 사랑이길 바랍니다

— 「사랑이야기」

주례사 겸 시 낭송이 끝나고 하객들의 박수소리와 웅성이는 소리가 들린다. 목소리 좋다. 시가 참 좋다. 이렇게 주례를 하니 너무 좋다는 소리를 들으며 흐뭇한 웃음을 나는 웃고 있었다. 부드러운 목소리의 축가가 끝나고 두 사람의 행진곡 소리 속에 결혼식은 끝났다.

그들과 함께 찍는 사진 속에 오늘의 행복한 한 쌍을 축복해주며 자리에서 일어섰다. 그리고 손 박사를 찾아보았다. 자기 일처럼 함께 즐거워하며 열심히 사진을 찍는 손 박사와 함께 뷔페에서 식사를 마치고 순기 서방님의 배웅을 받으며 돌아오는 차 속에서 오늘의 이야기를 하는 손 박사의 칭찬을 들으며 주례를 서주기를 잘했구나 생각했다.

며칠 후 인터넷 카페 속에 올려진 손 박사가 찍은 그들의 결혼식 사진을 보았다. 나는 마음속으로 신혼부부의 앞날에 언제나 밝은 햇살만 가득 뿌려지기를 빌고 있었다. 행복하세요! 건강하세요!

용산 장날 "시장에 가다"

좌판 위에 올려놓은 고등어가 눈을 부릅뜨고 지나가는 사람들에게 눈빛을 던진다. 구수한 옥수수 익는 냄새가 코를 흔든다. 노랗게 화장하고 선을 보이는 참외와 붉으스레한 얼굴로 영양 만점이라고 으스대는 토마토가 시선을 끌어당긴다.

왁자지껄한 사투리들이 시장 안을 돌아다니고 몸에서 풍기는 흙냄새가 고향내음을 쏟아내며 가슴에 그리움을 담아놓는다.

오늘은 닷새마다 열리는 5일장 용산 장날이다. 5일 10일 장이 서는 아담한 시골장이다 시골 노인들이 농사지은 것이나 산에서 딴 버섯 등을 내다팔고 있었다. 오늘따라 시장 한켠이 시끄럽게 풍악소리가 들린다. cjb충청방송에서 매주 방송하는 "시장에 가다" 노래자랑 녹화 방송을 하는 날이다.

작지만 뜨거움이 느껴지는 무대가 마련되어있고 사회자가 구수한 멘트로

악단도 없는 노래자랑을 시작하고 있다 면장님의 소개와 인사말씀이 끝나고 첫 번째 출연자에 앞서 초대가수 김용님의 '빙빙빙' 노래가 시작된다. "먼 길을 돌아. 먼 길을 돌아 빙빙빙 돌아올 거야. 그렇게 나도 세월을 돌고 돌아서 시골 여기 용산에 와 있었다. 김용님은 꽤 많은 출연료를 줬을 텐데? 첫 번째 출연자가 소개되고 노래가 시작되었다. 구수한 목소리로 부르는 노래, 그러나 안타깝게도 심사위원들 손끝에서 땡 소리가 들리며 노래는 중간에서 끝났다. 그 사람은 무안한지 머리를 긁적이며 인사를 하고 내려간다. 그냥 다 부르게 하는 것이 시장 노래자랑의 훈훈한 인심 아닐까.

그렇게 두 번째 세 번째 땡 소리 없이 노래를 끝냈다. 네 번째 갓난 아기를 안고 올라온 젊은 여인이다. 나중에 알았지만 우리 동네 이장 부인이었다. 우리집과 동네는 떨어져 있어 자주만나지 못했고 별로 경로당에 갈일이 없고 이사 온 지가 얼마 되지 않아 얼굴을 모르는 사이였다.

시골농사일이 싫어 모두 떠나는 젊은이들뿐이었는데 시골에서 살고 있는 젊은 아낙이라 고맙고 참 대견하다는 생각이 느껴진다.

구경꾼들의 박수소리 가 요란하다 그것은 이곳에서 살아주는 젊은 사람에게 보내는 격려와 사랑을 담은 박수였을 것이다. 초대가수가 몇 곡의 노래를 부르고 박수를 강요하고 내려갔다.

다음은 내 차례다. 이곳 용산으로 이사 와서 친하게 된 식당주인이 전화를 해서 이곳으로 이사도 오셨고 이곳사람들에게 인사도 할 겸 노래자랑이 있으니 출전해 보라는 것이다.

몇 번 전화를 하는 것을 사양을 했는데 볼일이 있어 면사무소에 갔더니 면장님과 직원이 간곡히 부탁하기에 그럼 인사나 하고 내가 글을 쓰는 사람이니까 시를 한편 읽기로 약속하고 왔다. 그랬더니 만약을 모르니 노래 제목 하나를 알려달라고 조르기에 늘 즐겨 부르는 최무룡의 '단둘이 가보았으면'을 적어주고 돌아왔다.

그런 후 시골생활은 잡초와 싸움이라 그 싸움 때문에 잊어버리고 있었는데 면장님한테서 연락이 왔다. 요번 장날 오전에 나오셔야된다고 그냥 시한 편 읽으면 되겠거니 생각하고 연습도 하지 않고 장날 나가 보았다.

시장은 노래자랑 때문인지 사람들이 많이 장을 보고 있었다. 그렇게 여섯 번째 차례에 내 이름이 있었다. 무대에 올라간 나에게 사회자가 인사를 시킨다. 귀촌한 지 2년이 되었다고 말하고 시낭송을 위해서, 그리고 시를 쓰고 있다는 이야기를 하기 위해 시집 한 권을 건넸다. 사회자 왈 노래자랑 사회를 오랫동안 봐왔지만 시집을 받아보기는 처음이란다.

그런데 시낭송을 하는 줄 알았는데 경음악이 들린다. 노래부터 하시고 시낭송을 들려달라는 것이었다. 반주에 맞춰 노래를 한다.

"흰 구름이 피어오른 수평선 저 너머로 그대와 단둘이서 가보았으면"

박수소리가 들린다. 사회자는 이제 시 한편을 낭송해달라고 부탁한다. 잔잔한 음악이 깔리고 내가 쓴 친구 시가 시장 안을 맴돌고 있다. 박수소리와 앙코르소리가 들린다. 심사를 하는 여가수의 눈에 눈물이 글썽거린다. 사랑하는 친구를 생각하는 것 같았다. 마지막 출연자의 노래가 끝나고 초대가수의 노래를 끝으로 심사발표를 하고 있다. 인기상은 우리 동네 이장님 부인이 받았다.

대상 김명동 님 내 이름이 들렸다. 박수소리 그리고 상품으로 진주 목거리가 부상으로 내손에 들려있다. 앙코르 곡을 부르고 있는 나는 이렇게 시장스타가 되어 내마음속에 추억 한 페이지를 만들게 되었다.

훗날 나와 친하게 된 우편집배원의 말씀, 용산에 스타가 되었단다. 하기야 가수가 지망생이었던 나인데 하고 어깨를 으쓱대본다.

4

스님과 귀신 그리고 하느님

선거에 물든 나라

해가 바뀌면서 온 나라가 정신없는 선거 열풍에 빠져들었다. 대통령이나 국회의원 선거는 으레(?) 그런 것이라고 치부한다지만, 이 나라가 어떻게 된 일인지 교육의 장을 뽑는 일에도 돈 봉투가 건너다니는 세상이 되었다.

어느 곳에서는 이권과 권력 남용으로 교육감이 구속되어 감옥에 갇혀 있어 업무를 못 보는 상황이 벌어지기도 했다. 이러한 일들을 지켜보고 있노라면 우리나라의 미래를 교육계에 맡겨 놓아도 되는지 의아할 뿐이다.

무엇이 교육자의 본질을 망각한 채 자리에 집착을 하게 만들고 그것 때문에 자신의 인생에 오점을 남기며 철창에 갇혀야 하는 것인지. 그렇게 부정한 수단으로 교육계 수장이 되면 무엇을 가르칠 것인가. 순수한 학생들에게 부정을 저지르는 방법만 가르쳐 줄 것인가.

진정 존경받는 인물이 추대되어 사심 없이 일을 할 수 있는 세상은 물 건너갔는가. 문화 예술 단체장을 뽑는 일에도 선거라는 것이 필요한 것인가. 나름대로 존경받아야 할 훌륭한 사람에게 추천하는 형식으로 모실 수 있다면 얼마나 뜻 있는 일일까.

순수를 지키며 창작에 혼을 불살라야 하는 문화 예술인까지도 왜 선거라는 회오리에 휩싸여 자신을 스스로 더럽히고 있는지, 예술가로서 갈망하던 꿈과 희망들이 명예욕이나 자기가 속한 단체의 이익 추구라는 현실 앞에서 휴지처럼 구겨지고 있다. 선거라는 자리다툼이, 힘들게 자존심을 지키며 열정을 다해 작품을 빚는 진정한 작가나 예술인들의 명예까지 땅에 떨어뜨리는 이 시대의 혼탁한 현실이 안타깝기만 하다.

베풀고 양보하며 추대하는 예전의 형태는 사라지고 모두가 욕심 덩어리로 뭉쳐진 인간으로 바뀌어 있다. 이곳저곳에서 시끄러운 목소리가 들리고, 각 단체들은 패가 갈리어 자신들의 소속 단체에 이득이 있고 가능성이 있는 사람에게 머리를 조아리는 행태는 예술인이라는 자존심을 어디다 두고 있는지 부끄러울 뿐이다.

소신 없는 사람은 사탕발림과 같은 유혹의 손길에 자신의 소속감도 잊어버리고 이리저리 자리를 옮기며 이익이란 단어에 자신을 맡겨 놓는다. 순수가 전부라고 할 수 있는 그들이 정치판에서나 하는 추태를 보이면서까지 얻어야만 하는 것은 무엇인가.

예술의 진정한 본질을 외면하고 선후배도 스승도 위아래도 없어져 버린 이 사회의 더러운 세태와 맞물려 물들어 갈 수밖에 없는 이 시대의 예술인들이 만들어 놓은 부작용이 어디 한두 가지인가. 기존의 예술인들은 혼을 잊어버린 잘못을 각성해야 할 것 같다.

여기저기서 들리는 다툼의 소리다. 시작도 하기 전에 상대를 비방하고 어느 특정인의 잘못을 고발하는 더러운 호소문들이 날아다닌다. 고소, 고발이 꼬리에 꼬리를 물고 법의 심판을 받아야 하는 추태가 보여지고 있다. 정녕 이것이 예술가, 그리고 작가들이 해야 하는 일인가.

자신들의 그런 해프닝 같은 일들이 자존심을 지키는 수많은 작가들의 순수함과 깨끗함에 얼마나 큰 상처를 남기고 있는지를 그들은 알고 있는지 궁금하다.

쓸데없는 자리다툼에 쏟는 정열로 작품 창작에 몰두해 진정 작품으로 우러름을 받는 예술인이 되길 바란다.

[2004년 02월 04일 대전매일]

의원님들의 도덕성

국정감사 청문회장에서 의원들은 '나는 돈 안 받았다', 재벌기업 대표는 '분명히 줬다!'며 서로 얼굴을 붉히며 싸움질하는 모습이 떠오른다. 그리고 날이면 날마다 불법 정치자금을 받은 일부 국회의원들과 정부 고위관료들이 수사관들에게 양 팔을 끼인 채 당당한 얼굴로 검찰 조사실로 향하는 모습이 TV를 통해 방송된다.

이 얼마나 추악한 모습인가. 우리를 대표해야 할 그들에게 도대체 우리는 무엇인가. 그들은 아직도 우리 국민을 유치원생이나 초등학교 학생쯤으로 치부하고 있는 건 아닌지 화가 난다. 아무리 어리석은 사람도 '손바닥으로 하늘을 가릴 수 없다.'는 것을 알고 있는데 그들은 이 말을 아는지 모르는지 온갖 부정과 비리로 하늘같은 민심을 속이려 들고 있다.

시대는 빠르게 변해 가는데 고여 썩어빠진 그 머리로 어떻게 첨단을 향해 달려가는 국민들을 대표할 수 있겠는가. 그들이 할 수 있는 일이란 게 고작 자기들끼리 싸움질이나 하고, 돈 받아먹은 게 탄로나 검찰청으로, 또는 감옥으로 끌려가는 모습만 보여줄 뿐인 그들의 모습에 분노가 치민다. '돼지 눈에는 돼지밖에 안보이고, 부처의 눈에는 부처만 보인다'는 조선시대 태조와 무학 대사와의 일화가 생각난다.

이제 유치원생조차 그들의 말에 속지 않을 만큼 세상이 변했고, 국민 개개인의 지식이 높아졌다는 것을 오직 그들만 모르고 있으니 이 어찌 한심하지 않겠는가.

그들의 이전투구식 말장난을 지켜보며, 그럼에도 불구하고 언제까지 그들에게 시선을 집중하고 있어야 하는 건지 답답할 따름이다.

국회의원이 누구인가. 우리가 뽑은 우리의 대표가 아닌가. 국민을 위해, 그리고 지역을 위해 우리가 뽑은 일꾼이 아닌가 말이다. 그럼에도 불구하고 그들이 우리를 대표할 수 있는 인물들인가에 대해서는 짙은 회의가 든다. 왜 우리가 삶에 지친 피곤한 몸으로 그들의 진흙탕 싸움을 지켜봐야 하며, 그들보다 더 나라를 걱정해야 되는지 모르겠다.

이 좁은 나라에서 지역 갈등을 조장해 선량한 국민들을 전라도당·경상도당·충청도당이라는 패로 갈리게 해 의원이 되고, 기득권을 좇아 부표처럼 떠 다니며 사리사욕을 추구하는 일에만 열중하는 이들이 바로 그들이다. 이 명백한 사실을 알면서도 '이번에는 뭔가 달라지겠지'하는 희망으로 힘들어도 열심히 사는 순진한 우리 국민들은 자신들의 삶에 지쳐 그들의 잘못을 너무 쉽게 잊어버려 주고 있다.

그러니 그들이 국민을 너무 쉽게 생각하고 함부로 대하는 게 아닌가. 어느 날 우연히 탄 택시기사조차 묻지도 않았는데 나라를 걱정하며 상소리를 한다. 그러면서 글이라도 잘 쓰면 욕이라도 걸판지게 써 보고 싶단다.

"미친 ×들. 나라가 이 모양이 이 꼴인데…. 국민들은 살기 힘들어 죽겠는데 저희들끼리 싸움질이나 하고, 자기들 배 채우느라 돈 받아먹고 쇠고랑 차고도 웃고 있는 파렴치한 ×들."

앞으로 얼마 남지 않은 총선에서 이제는 더 이상 선택한 후 후회하지 않을 사람, 우리를 위해 마당쇠처럼 땀 흘려 일할 참일 꾼을 뽑자. 선거 때만 되면 후보자들은 저마다 국민의 머슴임을 자처하며 한 표를 호소한다. 이제 다시는 그들의 거짓 선거공약에 속지 말고, 우리의 소중한 재산을 훔쳐가는 도둑이나 싸움꾼이 아닌 청렴하고 성실한 쓸모 있는 머슴을 뽑아 잃어버린 우리의 권익을 찾아야겠다.

과거 우리는 매번 지역주의의 망령에 휘둘려 판단력이 흐려지거나 후보자 개인의 능력보다는 학연이나 지연에 이끌려 그릇된 선택을 하지 않았던가. 이제 다시는 찍어 놓고 후회하는 일이 없도록, 더 이상 TV화면에서 그들의 모습을 보며 실망하고 분노하지 않도록 다가올 내년 총선에서 올바른 선택을 하자.

[2003년 11월 12일 대전매일]

주전 골에는

버스는 수십 명을 태운 만삭의 무거운 몸으로 숨을 몰아쉬며 한계령을 향해 올라가고 있었다.

"기사님 주전 골로 내려가는 길을 지나왔어요. 아니, 관광 기사님이 주전 골을 모르면 어떻게 합니까?"

지도를 보며 길을 찾던 운전사는 오색 약수터는 와봤었는데 여기는 처음 왔다고 하였다. 주전골 계곡 아래가 오색약수인데 기사는 초행인 것 같았다. 약간 웅성이던 회원들은 창밖으로 그려지는 설악의 기암괴석과 술 취한 듯 붉게 물들어 가을바람에 비틀거리는 단풍의 자태에 취해 탄성을 지른다.

"야 멋있다"

너무도 아름다운 절경에 보고 또 봐도 감탄사를 연발 할 수밖에 없었다. 이 아름다운 설악에 자태에 취할 수 있었던 것은 모임에서 차를 빌려 가을단풍여행을 하고 있기 때문이다. 아무리 유명한 화가가 그림으로 그린다 해도 이 아름다움을 다 표현 할 수 있을까?

기사의 실수로 한참을 한계령 쪽으로 올라간 버스는 핸들을 돌려 다시 내려가 승용차와 버스가 서 있는 곳에 차를 멈 췄다. 주전 골로 내려가는 주차장이다.

회장님께서 총무를 부른다. 요금을 내고 내려가야 되기에 총무를 부르는 것이었다. 작은 상자 속에서 하루 종일 돈을 받고 있는 사람, 그는 이 산의 아름다운 경치를 구경이나 했을까? 우리 땅 우리 산을 구경하는데 돈을 왜 내야 하는지? 가끔은 손해를 보고 있다는 생각이 든다.

여기저기 경치 좋은 국립공원이란 곳마다 관리비 문화재 보호비 명목으로 돈을 받는다. 하물며 여름날 개울가에다 줄을 쳐놓고 돈을 받는다. 자연보호와 관리비로 쓴다고 하지만 누가 쓰는 건지?

나쁜 기분도 잠시뿐 산을 물들이고 있는 단풍에 취해 비틀거리고 싶은 충동이 일어난다. 수많은 사람들이 탄성을 지르며 카메라셔터를 누른다. 계곡을 흐르는 물소리가 귀를 간질이며 바위를 애무하며 신음소리를 내며 흐르고 있다 보드라운 물살의 애무에 바위는 온몸을 붉히며 맨살을 모두의 시선 위에 내놓고 부끄러운 듯 누워있다.

산비탈은 위험을 안고 있었지만 줄을 매어 위험을 막아주고 군데군데 계곡 사이를 가로질러 다리를 놓아 건너가게 만들어놓았다. 산은 바위를 만들어 세우고 바위 사이사이에는 붉고 노란 잎새가 얼굴을 내밀며 숨바꼭질을 하고 있다.

산등성이에 거대한 성을 이루고 있는 바위를 한눈으로 바라볼 수 있는 내 눈은 스스로 감탄사를 연발하고 있었다. 한그루의 소나무가 바위 위에서 애절한 구원의 손길을 기다리며 산을 쓸쓸하게 만들 뿐.

바람은 산비탈을 휘돌아 심술처럼 나무의 잎새를 흔들고 푸르다 못해 시린 하늘은 흰 구름 배를 띄워놓고 하늘가를 흘러가고 있다.

오랜만에 다시 여행을 온 것이 여간 좋은 기분이 아니다. 마음도 내려놓을 수 있고 詩想을 담아올 수 도 있고 나무들과 함께 가을에 취해 비틀거릴 수 있으니 이 땅에 사는 것이 얼마나 행운인가!

순간 불현듯 떠오르는 시상이 있어 아름다운 주전골 이야기를 담아본다. 한계령 넘어 주전 골에는 설악이 숨 쉬고 있고, 그 끝머리에 바위 사이로 바위를 붉게 물들이는 오색약수가 넘쳐 흐르고 아무도 흉내낼 수 없는 그 무엇이 담겨 마음을 쓸어내리니 얼마나 좋은가.

한계령 넘어
오색약수 계곡
그곳에는 산이 화장을 한다.

바위 위에 서서
가을을 물들이는 잎새는
아픔의 고통으로
목 졸림 당해

선녀탕 물속으로 떨어져
저승길 떠나지만

그래도 잎새는
붉은 얼굴 가득 미소를 담고
마지막 손을 놓을 때까지
바람의 심술에
소스라치게 놀라며
계곡을 거슬러 올라가며
주전골 얼굴 에 화장을 하고 있다.
—졸시 「주전 골에는」

계곡을 따라 흐르는 물줄기를 옆에다 거느리고 내려가는 길.

색깔 고운 잎새들이 떨어져 물 위에서 헤엄치며 유혹의 몸짓으로 시선을 잡아당긴다.

바위의 색깔이 붉은빛이 나는 곳에서 시린 약수가 솟아오른다. 오색약수 팻말에 이름이 쓰여 있고 물빛처럼 가슴까지 절여오는 한모금의 약수로 갈증을 적시고 바위의 거드름을 훔쳐보며 내려오는 길 천상의 선녀가 내려와 놀던 곳이라고 할 수 있는 선녀탕이 속내를 드러내며 유혹의 손길로 나를 부른다.

누가 이 아름다움에 취하지 않으리.

이 땅에 태어난 축복인 것을….

산은 산으로 아름답고 색색의 아름다운 단풍으로 물들여진 잎새를 안고 바위를 애무하며 흘러가고 있으니 그 산길을 걸어가는 모두가 신선이 아니라고 말할 수 있을까? 가을 햇살이 심술을 부리는 산길을 내려오며 모두는 설악의 약초 향기에 취해 상가 쪽으로 발길을 돌린다. 설악 의 심심산골에서 캔 약초는 향기를 뿜어내고 산 더덕은 벌거벗은 나신으로 자신을 자랑한다. 산 좋고 물 좋으니 모두가 명약일 수밖에….

주차장에는 무거운 몸뚱이들을 싣고 온 커다란 버스가 피곤이 풀리지 않는지 아직도 큰 눈을 뜨고 졸고 있다. 기사는 어디로 갔는지 문은 닫혀있다. 길눈이 서투른 운전사는 식사를 하고 계신단다.

웅성이는 우리들의 소리가 들렸는지 부라부라 달려온 그는 버스의 문을 열고 타시라고 안내를 한다. 버스좌석에 앉으니 피곤이 몰려오고 다리는 얼마나 큰 자석에게 끌림을 당하는지 떨어지지 않는다.

졸고 있던 버스는 모두를 다 실었다는 기사의 손끝에 따라 싱싱한 회가 기다리는 주문진을 향해 바퀴를 굴리고 있었다. 동해의 시원한 바다가 길옆에 길게 그려진 길, 그 길을 우리는 바람처럼 구름처럼 마음을 던지며 주전 골과 오색약수를 돌아보며 손을 흔들고 있다.

가벼워진 마음으로.

스님과 귀신 그리고 하느님

세월을 되돌려 1968년 쯤, 난 며칠째 소화가 되지 않고 속이 더부룩한 것이 무엇을 먹어도 체증이 가시지 않는다.

가파른 계단을 올라 골목길 한참을 가다 대문 없는 집안으로 들어갔다. 마당 저쪽에 개들이 시끄럽게 낯선 사람이 왔다고 짖어댄다. 슬레이트 지붕에 이마가 닿을 듯한 초라한 집 이방 저 방 방문이 열리고, 누가 왔나 얼굴을 내미는 배고픈 얼굴들 동네 이름도 산비탈에 지어진 동네라 산 7번지 산동네다. 그중에 닫혀있는 끝머리 방에 방문을 열었다.

"안녕하세요, 저 왔습니다."

방안에는 깨끗하게 한복 바지저고리를 입으시고 단정하게 앉아계시는 스님 같은 분이 눈가에 엷은 미소로 시선을 건네신다. 옆에는 촌부 같은 여인이 웃음으로 반기신다.

"어서오너라."

방안은 그동안 무거운 침묵이 방안을 점령하고 있었다. 내가 들어서자 막혀있던 말문이 열리고 얼굴의 미소가 건너간다. 아저씨는 기다렸다는 듯이 서랍을 열고 침통을 꺼내서 내손을 끌어당기시며 말을 건네신다.

"오래된 체증인 것 같다."

침통 속에서 침을 꺼내어, 혈을 찾아 침을 놓으신다. 다른 쇠붙이가 살 속을 파고드는 느낌, 미세한 통증이 느껴지며 차갑다. 침을 놓고 계시는 부드러운 손길이 능숙하신 걸 보니 숙달된 침술 가이신 것 같다. 밀가루 음식이나 하물며 좋아하는 짜장면을 먹으면 속이 좋지 않아 고생을 했다는 말씀을 드리자 "식사를 제때 하지 않아 체증기가 있는 것이다." 라고 말씀하신다.

"오늘 침을 맞고 나서 다시 음식을 먹어보아라."

말씀을 하시며 살 속에 박혀 경련을 일으키게 했던 침을 뽑아주신다. 온몸 구석구석으로 전류가 흐르든 시간이 십 여분 벌써 병이 다 나은 느낌이다. 침을 뽑아 소독을 하고 침통에 다시 넣으신 그분의 입가에 미소가 지어지며 입을 여신다.

"너 오늘부터 우리 양 아들하자."

놀라는 내 모습을 보시며 우리가 외로워서 그러니 그러자구나 얼마나 외로우셨으면 처음 본 내게 그 말씀을 하실까 " 그러지요" 농담반 진담반으로 생각 없이 대답을 하였다.

이분들과의 만남은 우리 어머니와 아주머니가 심심하시다며 서로 오가며 친해진 사이인 것이다. 내가 속이 안 좋아 고생하는 것을 보신 어머니가 그 집에 나들이 가셔서 우리 아들이 속이 거북해 한다고 얘기를 했더니 그 어른께서 당신이 침을 놓을 줄 아니 보내라고 하시어 찾아간 것이 계기가 되어 인연이 된 것이다.

다음날 말씀을 놓칠세라 점심시간 중국 음식점에 가서 짜장면을 시켜 먹어보았다. 그런데 이게 웬일인가? 식사를 하고 난 후면 언제나 찾아오는 복부의 팽만감이 사라지고 기분이 상쾌하였다. 병의 치료에도 년대가 있고 임자가 있다드니. 그날부터 며칠. 양 아버님께 침을 맞고 오랜 세월 장복했던 위장약을 끊을 수 있었다. 그 후로 50년이 지난 지금도 가끔 소화가 잘 안 되는 날이며 이승을 따나신 지 오래된 양아버지의 침술이 생각난다.

그 후로 난 자주 그 집에 들러 그분들의 외로움을 덜어드리는 양아들 노릇을 했다. 그러던 어느 날 그날도 여느 때나 다르게 저녁 식사 후 아버님 댁 방문을 열었다. 그런데 그 어른 손에 성경책이 들려있었다.

"무거운 짐 진 자들이여 모두 내게로 오라…."

낭낭한 목소리로 성경을 읽고 계셨다. 어찌된 영문인지 궁금증을 풀 길이 없었다. 내가 듣기로는 그 어른 산사에서 스님으로 공부를 하신 분이라고 얘기를 들은 적이 있고, 가끔 버릇처럼 "나무관세음보살"하시며 염불을 하시던 분이 교회를 나가신다하니 영문을 모르는 나로서는 아이러니한 일이다.

이유도 모른 체 며칠이 지난 어느 수요일 날 나에게 교회에 함께 가지 않겠냐고 물으신다. 그 시절 모든 삶이 어려워 어딘가 기대고 싶었던 나는 스스럼없이 그 분을 따라나섰다. 그런데 양 어머니께서는 별로 탐탁지 않는 얼굴이시다. 버스를 타고 시내로 가서 어느 길갓집 미닫이문을 열고 들어섰다. 교회라면 건물이 있어야 되고 지붕 위에 십자가도 있어야 되는데 오래된 가정집이다. 방안에는 미리 와 계시는 분들이 일본식 다다미방에 둥그렇게 둘러앉아 담소를 나누고 있다가 시선이 우리에게로 집중된다. 양 아버님이 나를 소개한다.

"내 아들입니다"

모두가 박수로 맞이해주신다. 이곳에 모인 분들은 나름대로 오래 교회를 다니신 분들이고, 몇 분은 목사님들도 계셨지만 교회를 세울 형편이 되지 않아 여기 모여 기도를 하신단다.

지금 같이 우후죽순으로 하늘을 향하는 십자가가 한집 건너 하나씩 있는 시대가 되리라고는 꿈에도 생각 할 수 없었던 고달픈 시절이었으니. 그렇게 교회를 다니기를 한 달쯤 내 몸에 변화가 찾아왔다. 바쁜 일상을 지내느라 성경을 읽을 기회가 별로 없었는데 교회에 가서 기도를 하면 나도 모르게 신들린 것처럼 입술이 떨리며 하느님의 말씀을 하고 있었다.

함께한 분들이 모두 눈이 휘둥그레지며 영문을 모르겠다는 눈빛들이시다. 하기야 스스로 판단하기 어려운 현실이었다. 혹시 초등학교

시절 배고픔을 면하기 위해 일요일이면 성당으로 달려가 강냉이 죽을 얻어먹기 위해 십이 문답을 외우고 세례를 받은 일이 있었는데 그 효과 때문일까? 십수 년이 흘렀는데, 그리고 개신교도 아니고 성당이었는데, 그래도 하느님께서 봐주신 것인가?

그날도 여느 때와 다름없이 교회를 가기 위해 아버님 댁에 문을 열었다. 그런데 이게 웬일인가? 전날저녁 늦은 시간까지 잘 계시던 분이 자리에 누워계시며 일어나시지를 않으신다. 영문을 모르는 나는 왜 그러시냐고 어디가 편찮으시냐고 물었다. 그런데 옆에 있던 어머님 입에서 쌍소리가 나온다. 처음으로 듣는 소리다. 그런데 어머니의 얼굴은 술 취한 얼굴이다.

"저 자식 교회 못 가게 내가 허리를 분질러놓았어."

그러니 너 혼자 가라고 버럭 소리를 지르신다. 아버님은 눈짓으로 말씀을 하셨다.

"오늘은 너 혼자 다녀오너라. 갔다 오면 이야기를 해주마."

무슨 일이 있었나. 알 수가 없다. 밤새 안녕이라고 멀쩡하시던 분이 그렇게 혼자 교회에 가서 기도를 마치고 교우님들에게 그 말씀을 드렸더니 그 어른 사탄에게 당하셨군. 사탄이라니? '그럼 귀신이 붙었다고?' 그제야 아버님이 교회에 나오신 이유를 대략 알게 되었다. 목사님 하시는 말씀이 사탄을 물리치려고 교회에 나오셨다는 것이다. 어처구니없는 일이다.

세상에 귀신에게 당하시다니 궁금증이 풀리지 않아 아버님 댁으로 달려갔다. 방문을 열자 자리에 누워계시는 어른이 신음소리를 내셨다.

"잘 다녀왔냐."

옆에서 아직도 술이 깨지 않은 어머님은 내가 방문을 열자 이상한 행동을 하신다. 손으로 눈을 가리고 나를 외면하시며, 빛이 비춰니 눈을 뜰 수가 없다며 소리를 지른다. 문을 열어 햇빛이 들어와 눈이 부시신가. 아니다. 그날은 약간의 가랑비가 내리고 있어 해가 없었다.

그러시거나 말거나 아버님이 편찮으시니 방으로 들어가 아버님 옆에 앉았다. 그리고 성경을 폈다. 목사님 말씀에 사탄을 쫓는 말씀이 있으니 기도를 해드려 보라는 것이었다. 마태복음 몇 장 몇 절인지 지금은 잊어버려 기억조차 나지 않는 성경을 읽으며 기도를 하기 시작했다. 옆에 있던 어머님이 고래고래 소리를 지르며 나를 쫓아내려고 하신다. 들은 척도 하지 않고 계속 기도를 하였다. 그러자 그분이 몸을 비틀고 요동을 치면서 낮은 목소리로 "나 갈 테니 막걸리 한 사발 사다 달라."는 것이다. 양어머님의 몸속에 있는 귀신이 하는 말이다.

"막걸리는 왜?" 의아해하고 있는 나에게 아버님은 주머니 속에서 돈을 꺼내시며 빨리 사다주라고 하신다. 내가 갈 수 없어 옆방 아이를 시켜 막걸리를 사다가 양은 양재기에 따라주려고 하니까, 주전자를 통째로 빼앗아 단숨에 마시고는 큰 술병을 갖다 달라는 것이다. 지금은 물자가 흔해 남아도는 때이지만 그때는 유리병으로 엿 바꾸어 먹던 시절이었으니 큰 병 구하기가 쉬운 일이 아니었다.

그래도 마침 기름병으로 쓰던 병이 있어 그가 시키는 대로 가져다주자 그분은 술병을 깔고 앉더니 방문을 열라고 소리를 지른다. 방문을 열자 큰 병을 가랑이에 끼고 밖으로 뛰어나가 마당에 벌러덩 드러눕는다. 어쩌면 소름 끼치는 상황이다. 혹시 잘못된 것은 아닐까 걱정스러워 달려가 일으켜 세웠다. 참 휘한한 일이다. 귀신과 싸움이라니. 정신을 차린 그녀는 예전처럼 다소곳한 촌 여인이었다. 정신을 차리고 방으로 들어와 나를 알아보고 들려주는 말씀에 놀라지 않을 수 없는 이야기를 펼쳐놓으신다.

네가 문을 열고 들어서는 순간 알 수 없는 빛 때문에 눈이 부셨다는 말씀이다. 무슨 일 일까? 알 수 없는 내게 숨겨진 비밀이 있는 것인가.

잠시 후 아버님이 숨겨진 사연의 이야기보따리를 풀어놓으신다. 본래 아버님께서는 산속에서 공부를 하시는 스님이셨단다. 산에 계시던 스님께서 탁발 공양을 하시기 위해 고향동네에 내려오셨다가 옛 친구가 죽은 사실을 알고 그 집에 위로 차 들려 친구 부인의 사연을 듣다가 힘들게 살고 있는 여인의 사정을 알게 되어 이것도 인연의 끈이라 생각하시고, 그 여인을 도우며 살기로 결정하시고, 산으로 가지 않고 함께 부부의 연을 맺어 생활하게 되었는데, 지역에서 가뜩이나 시골에 사람들의 이상한 눈총도 있고 해서 고향을 떠나 대전으로 오게 되었다는 것이다.

그런데 그 부인이 남편이 죽고 나서부터 약간의 신기가 있어 술만 드시면 귀신이 와서 붙는다는 것이다. 요즘 TV에서 엑소시스트 이야기처럼 귀신이 존재한다는 것이다. 그런데 그 귀신이 다름 아닌 지금 부인의 신랑이라는 것이다. 원래 술을 좋아하던 사람이고 술 때문에 이승을 하직한 분이라는 것이다. 그래서 아내의 몸을 빌려 귀신으로 들어와 자기 안사람을 빼앗아 갔다고 친구를 괴롭히는 것이란다. 멀쩡하게 있을 때는 본래 착한 여인의 모습인데 귀신이 들어오면 술을 달라고 하며, 스님에게 행패를 부린다는 것이다. 당신의 말씀처럼 자업자득이라서 교회를 믿으면 귀신을 떨쳐버릴 수 있다는 소문에 교회를 나가셨던 것이다.

그리고 며칠을 지나고 잠잠해졌나 싶었다. 바쁜 시간이 겹쳐 들르지를 못하다가 찾아간 그곳 책상 위에는 금빛 부처님이 미소 짓는 얼굴로 계시는 것이었다 영문을 몰라 의아해하는 나에게 아버님 말씀이 도저히 떨쳐버릴 방법도 없고, 어차피 아내와 살면서 친구에게 죄스러워 부처님 모셔서 영혼을 달래주려고 하셨단다. 나는 속으로 잘하셨다고 말씀드렸다.

그로부터 얼마 후 내가 외지에 나가있다가 집에 왔더니 어머님 말씀에 그분들 다른 곳으로 이사 가셨다는 것이다. 어디로 가신다는 말씀도 없으시고 그냥 산속으로 간다는 말씀만 남기셨다는 것이다. 짧지만 길게 느껴졌던 그분들과 인연의 끈이 내겐 소중한 것들을 만들어 주었고, 그렇게 평생 처음 가져보았던 양부모님과의 사연의 막을 내리게 되었다.

지금은 이 세상 어느 곳에도 계시지 않을 그분들과의 소중한 만남을 가슴에 안고 고마움을 전하고 싶다.

그 후로 나는 종교라는 것은 마음에 있는 것이지, 형식이 중요하지 않다는 것을 터득하며 교회 분들의 끈질긴 집착을 뿌리치고 자신에게 충실하고 누군가에게 무엇을 해줄 수 있는가를 삶의 지표로 살고 있다.

삼총사

단기 사천 이백 구십 몇 년 경상북도 사직당이라는 어느 시골마을 투박하고 순진한 사내 녀석 세 명이 자칭 삼총사라고 이름을 지어 마을의 마스코트처럼 살고 있었다. 밤이면 산 짐승이 뒷산에서 내려올 것 같은 마을. 구수하게 불러대는 유행가 노래가 조용한 마을을 정겹게 만들어주고 있었다.

“아- 아 잘 있거라. 부산항구야!”

누가 먼저라고 할 것 없이 세 친구는 꽤나 노래를 잘 불렀다. 촌놈의 서러움을 달래면서 말이다.

그 시절 국민학교를 졸업하고 그중 두 녀석은 시골이 다 그렇듯이 생활이 어려워도 중학교를 갈 수 있는 생활은 되었지만 중학교 시험에 떨어졌기에 학교를 포기하고 농사를 짓는 것으로 마음을 바꾼 친구들이다. 그중 한 녀석인 나는 시험을 잘 보고 장학생이란 이름을 달고 산 중턱에 있는 중학교에 가게 되었다.

그 시절은 지금처럼 의무교육도 아니고 무시험도 아니었으니 진학을 하려면 우선 시험에 합격해야 했다. 그리고 입학금과 등록금이 있어야했다.

중학교 시험은 지금의 고등학교 입학보다 어려웠던 시절이다. 어떻게 보면 그때가 현명했는지 모른다. 공부를 못하는 학생이나 스스로 공부를 하기 싫은 아이들은 농사를 짓거나 공장에 취직을 해서 가정을 도와주는 착한 아이가 되었다. 반대로 머리가 늦게 깨우치는 학생들은 손해를 보겠지만 말이다.

그런 시절 시골동네는 정감이 있고 풋풋함이 있어 그들은 마음이 가벼웠다. 마을에 삼총사는 낮에는 산에서 나무를 해오고 농사를 지으며 밤마다 노래를 부르며 스트레스를 풀었던 것 같았다. 비록 나는 중학교를 들어갔어도 농사일이나 나무하는 일은 해야 되었다 그래서 그들은 밤이 좋았다.

"아- 신라에 밤이여 불국사에 종소리가 들리어온다."

현인의 신라의 달밤 노래가 십팔번인 녀석이 구수하게 부르면 남일해의 이정표를 부르는 나는 저음의 가수 흉내를 내고 있었다. 그때 공기 좋은 시골에서 목소리를 다듬어서인지 대전에 와서 방송국 노래자랑에 출전해서 예선은 무조건 합격할 수 있었으니 말이다. 밤은 깊어가고 산짐승소리가 마을까지 들려왔지만 그들은 두려움이 없었다.

목청 터져라 노래를 불렀지만 아무도 나무라는 사람들이 없었다. 동네 어른들께서도 우리를 봐주셨기에 세 녀석들은 동네 지킴이 겸 동네 착한 부랑아들이었다.

밤중에 동네를 돌아다니는 여학생이나 누나뻘 되는 여자들의 갈래머리를 잡아당기며 집으로 쫓아 보내던 개구쟁이들이었다.

아침이 오면 학교로 논밭으로, 그리고 오후가 되면 학교 간 친구가 돌아오고, 그들은 지게를 지고 산 고개를 향해 다시 흥얼거리며 나무하러 간다. 고갯마루에 걸터앉아 겁도 없이 신문지에 말아 피우는 담배연기 속에 추억을 담았다. 나무가 없어 잔디 뿌리까지 뽑아서 나무를 하던 시절. 솔가지 하나를 꺾으면 산을 지키는 사방의 목소리가 귓전 가까이에 와서 들리고 걸음아 나 살려라 지게에 얹은 나무가 떨어질세라 산비탈로 도망가던 시절 숨이 차도록 도망가다 뒤돌아보며 따라오지 않는 것을 알고야 지게를 받쳐놓고 다시 노래를 부른다.

"야, 담배 한 대 피우고 가자!"

산 정상에 지게를 받치고 한 친구가 담배를 피울 줄 아는 다른 친구에게 풍년초를 내놓는다. 신문지에 담배를 담고 둘둘 말아 성냥을 켜댄다. 그리고 시뻘겋게 타 들어가는 가슴처럼 깊게 빨아 내뿜으며 동그라미를 만든다. 가슴속에 담은 한을 뿜어내는 것이다. 가난하게 살아 힘든 것 공부를 못해 중학교에 못 가는 아픔을 담배 연기 속으로 날려 보내는 것이다. 그러고는 목청을 돋구어 노래를 부른다.

"천등산 박달재를 울고 넘는 우리 님아"

한바탕 전쟁을 치른 후에 가쁜 숨을 몰아쉬며 부르는 노래가 산 메아리로 날아간다. 가파른 산 정상을 넘어 동네 뒷산에 다다르면 한순간에 밀려오는 안도의 숨소리 이제는 살았구나. 시골의 그림은 지금은 상상할 수조차 없을 만큼 정이 넘치고 따뜻하다.

밤이면 늑대. 여우 살쾡이 산짐승의 울음소리 들으며 사는 곳. 어느 날 밤인가 마을 어귀 집에서 동네 형들이 화투를 치는 곳에 구경 가자는 친구를 따라 갔다. 한참 구경을 하다 소변이 마려워 방을 나와 화장실 쪽으로 가면서 나는 깜짝 놀라 발걸음을 멈췄다. 돼지우리 쪽에서 검은 것들이 돼지우리 속으로 들어가는 것을 보고 숨을 죽이고 보았다. 돼지우리 속으로 들어간 검은 개 같은 녀석이 우리 속에 있는 돼지를 밖으로 밀어내는 것이었다.

그러나 돼지는 소리 없이 밖으로 넘어 나온다.

"아니, 어떻게 높은 곳 을 쉽게 넘어 올 수 있을까? 그리고 돼지가 왜 소리도 지르지 못하고 그들을 따라가는가?"

앞에 한 녀석이 가고, 돼지를 가운데 두고 뒤에서 한 녀석이 가는 것이다. 한참을 멍하니 보다가 문득 늑대가 돼지를 몰아간다는 이야기를 들은 적이 있었다. 정신을 차리고 방으로 뛰어 갔다

"형들, 돼지를 잡아가요!"

"뭐?"

화투를 치던 형들이 밖으로 뛰어나간다. 지게작대기와 몽둥이를 들고 나간 밖에는 아무것도 없었다. 횃불을 붙여 들고 산모퉁이까지 따라가도 흔적이 없었다. 돌아오는 발걸음은 너무도 무거웠다 옛날에는 돼지 한마리가 집안에 큰 재산이었다.

다음날 모두가 찾아 나서서 찾은 것은 내장을 먹고 남은 죽은 돼지가 있었다. 이런 그림을 그릴 수 있었다는 것은 시골에서 살았던 옛날이 있었기 때문이다.

서리라는 것을 지금의 아이들은 알까? 남의 밭에 가서 참외도 따먹고 친구네 과수원에 들어가서 복숭아를 따서 런닝샤스 속에 넣고 진돗개가 따라오면 가시철망 울타리를 잘도 넘어 도망가서 복숭아 껄끄러운 털이 몸에 묻어 근지러워 온몸을 긁으면서 한 입 잘라먹는 그 맛.

고구마 캐서 구워먹고 밭에 누렇게 익은 콩을 뽑아 산 계곡으로 가서 구워먹으며 입가에 검정 숯 묻은 얼굴들을 서로 보며 깔깔대던 그 시절, 주인에게 들켜도 꾸지람을 들으면 용서가 되던 그 시절. 지금은 도둑으로 몰려 경찰서 행일 텐데, 그렇게 정감이 가득한 고향마을에서 날개를 퍼덕이며 살았다.

언제나 똑같은 일상을 살면서 스트레스를 받았지만 함께 노래를 부르고 여름이면 산비탈 진달래 밭에서 함께 비틀거리고 여름이면 뒷 냇가에서 수영하고 다이빙하며 즐거워했고 가을이며 서리를 해서 먹으며 장난치며 살고 겨울 흰 눈을 뭉쳐 눈싸움하고 긴 고드름 따서 키 재기하며 살았다. 그때 배운 수영 때문에 높은 강 철교에서 다이빙하는 어리석음과 한강을 가로질러 건너보는 무모함도 있었다.

동네에 또래의 여자아이들은 우리를 우상처럼 생각했는지, 오빠를 삼는다고 남자 하나에 여자가 둘 셋이 동생이 되기도 했었다.

초등학교 시절 학교가 끝나면 도둑열차를 타고 여행을 하기 위해 역

울타리 철조망 밑으로 들어가 달리는 열차를 쫓아가 타고 놀러 다니던 그 고향, 세월은 흘러 학교를 졸업하고 타향으로 이사를 하는 나를 배웅하며 동네 앞에 나와 눈시울 적시던 동네 어른들과 여자아이들 기차역까지 따라와 작은 손들을 움켜잡든 친구들과 이별을 했다. 그렇게 정다웠던 삼총사는 헤어지는 아픔을 맞으며 성장의 길로 들어섰다.

가끔 고향에 들르면 한 녀석은 세상을 원망하며 술로 세월을 보내고, 한 친구는 공사현장에서 기술자로 일을 한다는 소식만 들을 뿐 만나보지를 못하고 돌아서는 발길은 무거웠다.

몇 년이 흐른 후 창희라는 친구는 가정도 꾸리지 못하고 술 때문에 이 세상을 하직했다는 소식이 들리고, 몇 년이 또 흐른 후 똑똑하던 일수라는 친구도 막노동판에서 일을 하며 살다가 술 때문에 이 세상을 떠났다는 이야기를 몇 년이 흐른 후에야 소문으로만 들을 수 있었으니, 가슴이 찢어지는 일이다.

고향의 삼총사 꿈과 희망을 밤하늘을 향해 부르든 노랫소리가 뒷산에 메아리로 들리며 산 고개를 넘어간다.

"부엉이 우는 산골 나를 두고 가는 친구들아"

고향의 하늘에는 삼총사의 목소리만 남아 나를 부르고 있었다.

사주팔자

"야, 김명동. 내 책 가져다 수업해."

선생님의 말씀이 들렸다. 나도 모르게 고개를 떨어뜨리고 한 반 친구들의 눈치를 살핀다.

"그거 공짜 아니다. 나중에 공부 잘해서 몇 곱으로 갚아라."

내게는 책이 없었다. 처음 입학해서 장학금으로 입학금과 일 년 학비 면제, 그리고 학교에서 준 책이 이유 없는 아버님의 노여움에 불길 속에서 재로 변했기 때문이다. 그렇게도 아팠던 세월을 돌아보고 싶어 추억의 활동사진을 돌려보려고 한다.

내가 중학교 다닐 때 겪었던 슬픈 드라마 같은 이야기다. 시골에서 그래도 중농은 되었던 집이었는데, 왜 그랬을까? 아버지의 장남 선호 사상이랄까. 큰아들만 공부시키면 된다는 생각 때문에 둘째인 내 몫은 없었던 것이다.

그래서 나는 항상 공부를 한다는 게 도둑질하는 것보다 어려워 아버지 몰래 숨어서 공부할 수밖에 없었다. 겨울밤 시리도록 차가운 골방에서 불빛이 바깥으로 새어나가지 않게 하려고 이불을 뒤집어쓰고 공부를 하다보면 호롱불 그 어름에 콧구멍이 검게 그을리던 날이 수없이 많았다.

선생님께서는 가끔 가정방문을 해서 말씀드려보겠다고 하셨지만 선생님이 오신다는 날이면 그 어른께서는 도망치듯 아랫마을에 있는 주막으로 가셨다. 선생님께 하실 말씀이 없으셨을 테니까. 그리고 언제나 말씀하시는 양반 체면이 있으셨으니까.

돌이켜보면 야속한, 그리고 아픈 나만의 슬픈 연속극이기에 추억 속으로 묻어버리기에는 상처가 너무나 깊었다. 사람이 살아가면서 괴로운 일들이 많을 수도 있지만 내이야기 속에 학창 시절은 누구에게도 펴 보이고 싶지 않은 어두운 시절이다.

초등학교 시절 사친회비를 내지 않아 십여 리길인 집으로 돌려 보내지고 방천 너머까지 눈물 고인 모습으로 빗자루를 들고 다시 학교로 돌려보내시던 병든 어머님 가슴은 얼마나 저려오셨을까?

학교에 다시오면 선생님의 회초리가 죄 없는 손바닥에 피멍을 들이며 내일까지로 기약 없는 약속을 받으신다. 무슨 말도 안 되는 이야기를 하고 있느냐고. 그렇지 말도 안 된다. 그런 거짓말하지 마라. 하기야 말도 안 되겠지. 하지만 말도 안 되는 생활에 익숙해지면서 살아왔다.

지금 같으면 세상에 어느 부모가 공부한다는 자식에게 그렇게 할 수 있을까. 하지만 나는 그렇게 어두운 밤 이불을 뒤집어쓰고 호롱 불빛이 밖으로 새어 나가지 않게 하고 책을 읽어야 했다. 나는 가끔 전생에 대한 이야기에 의문을 풀어보고 싶었다.

아버지와 내가 전생에 어떤 관계이었을까. 어떤 사이였기에 그토록 제게 아픔을 주셨을까. 내가 얼마나 많은 괴로움을 전생에 당신에게 드렸기에 자식인 저에게 배움의 길을 막으려 하셨을까. 그분이 정말 그런 분이 아니셨다. 동네에서 소문난 효자셨고 6.25 사변 당시는 동네 이장 일을 보시다가 빨갱이 앞잡이들에게 쫓겨 산 속으로 숨어 다니시던 그런 분이시다. 시골 산길을 넘어오시다가 늑대를 잡아 내동댕이치실 정도로 힘이 장사이셨다.

그런 분인데 굳이 배움에 대한 것에만 그렇게 차가우셨으니….

공짜로 저승에서 저에게 주신 것이 너무 많아 이승에서 받으려고 하셨는지. 그것도 사람의 삶 가운데서 제일 중요한 배움을 못하게 훼방을 부리셨으니 이해할 수 없는 일이지만, 내 앞에 놓였던 지난날의 활동사진 필름 속에 숨어있는 내 이야기다.

아버지와 나의 인연의 끈이 잘못 꼬여진 탓일 거라고 내 전생의 죄라고 마음을 다독이며 살아왔다. 그렇게 나는 선생님의 마음의 도움으로 학창시절을 이어갈 수 있었으니, 미술선생이셨던 선생님 덕분에 전국 불조심 포스터 그리기 대회에서 두 사람이 합작으로 출품한 그림이 대통령상을 받는 영광을 가질 수 있게 해주신 분이였으니까. 지금은 어디에 계시는지 얼마나 많은 흰 머리카락을 쓸어 넘기시며 졸업 사진

속에 수없이 많은 제자들 속에서 제 모습을 기억하시며 웃음 짓고 계실지. 내게는 소중한 선생님이시다. 아직도 갚지 못하는 공짜로 주신 교과서 값, 이제는 내 머리카락도 셀 수 없을 만큼 쉬어버렸는데 정녕 선생님의 가슴에 박혀있는 못으로 남아있는 사람이어야 하는지. 이승에 진 빚으로 가져가야 될지, 언제 어디서 인연으로 다시 만나 갚아 드릴 수 있을지….

내 머리 속에 남아있는 활동사진을 열심히 돌리면서 지금까지 해 온 것처럼 마음속에서 우러나오는 내 몫의 공짜를 나누어주어야지. 그러면 선생님께서 주신 책값을 돌려 드리는 마음이겠지. 세상 어느 누구에게나 그냥 받을 수 없다는 것을 알고 살아 가야되겠다.

눈감으면 어둠이 나를 덮는다.
갚아도 갚아도
쉽게 지워지지 않는 내 앞에
보이지 않는 그림들
누구에게 돌려주어야 될지 몰라
두리번거린다.
전생 과 이승 어디에서
손 내밀고 있을
내 업의 임자여
그 끈을 이제 끊어주시오.
나도 햇살 내려앉는 곳으로 가고 싶습니다.

—졸시 「업보」

무엇인가? 내 것이 아닌 줄 알면서 내 것을 찾고 싶은 욕심이 자신을 버리려고 하고 있다. 용서 할 수 없는 죄라 하드라도 스스로에게 죄라고 하지 않겠다. 주고받았던 그 무엇이라도 용서할 일이라면 지나간 세월 속에 덮어놓고 잊어버리기로 했다 모두가 내 가 담고 온 업보인 것을 속된말로 내 사주팔자 속에 숨어있는 것들인데 누구를 탓하랴.

있는 그대로 생긴 대로 주어진 대로 고맙게 생각하면서 공짜로 받은 것을 돌려준다고 생각하며 살아가리라 마음먹었다. 그리고 누구에게나 공짜는 없는 것, 내가 아니면 나를 대신해서 누군가가 꼭 갚아야 되는 일이기에 마음속에 항상 고마운 마음을 가지고 살아가려고 한다. 그냥 주어진 대로 생긴 대로 팔자대로 물 흐르는 대로 살아야지요.

군인휴양소 그리고 계룡

지금은 추억 속으로 사라져버린 유성군인휴양소 호텔, 어느 건설 회사도 그 생각을 하며 아쉬워하고 있을게다. 넓은 마당 여기저기 자재들이 쌓여있고 틈새를 비집고 인부들이 물건을 나르고 있다.

모퉁이 어디에서 요란하게 톱니바퀴 돌아가는 소리가 들린다. 아침 일찍인데도 벌써 일을 하고 있는 것 같았다. 서둘러 그 속으로 들어가니 여기저기서 일찍 나온 목수들이 일을 하고 있었다.

시끄러운 톱니바퀴 돌아가는 소리가 어느 목재소를 온 느낌이 드는 곳, 군인휴양소 한 모퉁이에 지어진 군인극장. 속이 텅 빈 그 속에서 나무를 자르는 소리가 요란하게 들린다. 어둠 컴컴한 그곳 대낮인데도 희미한 전등불이 켜져 있고 나무를 자르는 목수의 얼굴에는 톱밥이 튀어 눈을 제대로 뜰 수가 없다.

회사의 지시로 빠른 공정을 위해 간이식 제재소를 차려놓고 목수들이 나무를 자르고 합판을 자르고 밤낮 없이 일을 하고 있었다.

옆에는 감히 바라도 볼 수도 없는 대통령의 별장이 높은 담으로 둘러쳐져 있고 군인들이 보초를 서고 있었다. 어둡고 소란스러운 그곳에서 무슨 이야기를 해도 잘 들리지 않는다. 누군가 등을 두드리며 "야, 좀 쉬었다 하자." 열심히 합판을 자르던 손을 멈추고 허리를 폈다. 사장님 오셨단다. 조그만 체구에 군인 같은 모습이다.

'혹시 사장님이 군인인가?'

계룡건설 이인구 사장님이시란다.

계룡건설에서 군인 휴양소 증축 호텔공사를 맡아 하고 있는 현장이다. 얼마나 능력 있는 사장님이시면 이렇게 큰 공사를 할까? 넓은 마당에는 목재와 합판 철근들이 산더미처럼 쌓여있다. 어느 공사 현장에서도 찾아볼 수 없는 넉넉함이다. 참 돈 많은 회사다. 지금은 자취도 없어진 몇 층 지붕에서 던져도 모서리하나 부수어지지 않는 미제합판, 그리고 깨끗하게 대패질된 각목들이 부잣집 마당에 볏 집단을 쌓아 놓은 듯 그렇게도 많았다. 목수공사를 맡은 옆집 사는(오야지) 도목수의 부탁으로 할 줄 모르는 뒷모도(뒷일)를 한다고 나무도 나르고 톱질도 하며 일을 하였다.

학교를 마치고 군에 입대하기 전 얼마동안, 지금으로 말하면 아르바이트를 하려고 하는데 일할 곳이 없어서 하루 종일 공사현장을 찾아다녀도 일을 시켜주지 않던 시절인데, 그나마 나는 운 좋게도 옆집아저씨가 도목수라서 일을 할 수 있었으니….

어설프게 채워주는 못 주머니를 허리에 동여매고 거푸집을 깔고 있는 지붕 위를 올라가니 다리가 후들 후들 떨리지만 합판에 못을 박는다. 몇 번을 박으라는 못은 못 박고 손가락을 두들겨 시퍼렇게 멍이 들었지만 일을 시켜주는 도목수가 너무도 고마웠다. 공사는 쉴 새 없이 야간작업을 해가며 진행되고 가끔 사장님이란 분이 현장을 돌아보고 가신다. 그러면 그 날은 회식을 하는 날이다. 사장님이 회식비를 주고 가셨는지 우두머리가 기분이 좋아서 사는 것인지는 몰라도 돼지고기 구이 파티가 벌어진다.

그 시절 들리는 소문은 계룡건설이 대전에서 제일 큰 공사하는 회사라고 도목수가 자랑하듯 이야기를 했다. 테미 고개 근처에 있는 작은 회사를 인수해서 군인출신인 사장님의 능력으로 군 공사를 많이 해서 일거리 걱정은 없단다.

사람은 능력도 있어야 되겠지만 運과 노력, 그리고 시기가 맞아 떨어져야 성공을 하고 큰 재벌이 될 수 있는가보다. 그 시절 그 작은 회사가 지금 은행에서도 인정해주는 회사가 되리라고 생각이나 했을까. 가끔은 생겼다가 언제 사라졌는지 흔적조차 없어지는 건설회사가 수 없이 많았는데 얼마나 운 좋은 회사인가.

그 시절 이 사장님의 노가다 철학적인 야화가 있었다.

그때만 해도 회사에 조그만 주택공사를 맡기는 사람이 있어 작지만 그런 공사도 하던 시절이었다. 석교동 어느 현장에 초보로 책임을 맡고 나온 장 소장이 들려주던 이야기다. 모름지기 노가다 일꾼들을 다

루려면 쌍소리부터 배워 그들을 제압해야 현장이 돌아간다고 말씀하셨단다. 하기야 일꾼 다루기가 힘든 시절이었다. 초보 현장소장이 거칠기 만한 그들을 감당하기는 어려운 때이었으니까.

수십 년 후 내가 현장을 가지고 공사를 할 때 그 이야기가 현실에 와 닿았다.

지금은 흔적조차 없이 사라진 군인 휴양소. 없어지기 몇 해 전만 해도 그곳에서 사람들과 만나기로 약속도 하고 손님도 만나고 군인들이 만들어주던 커피도 사먹던 곳이 지금은 옛 모습은 사라지고, 웅장한 새 건물이 위용을 자랑하며 추억과 내 마음속의 고향을 지워버렸다. 세월이 흘러 공사현장을 몰고 다니시고 국회의원님이시던 분, 가끔 유성 어느 호텔사우나에서 뵈는 모습은 많이도 늙으셨다. 그 사장님은 백발이 성성한 회장님이 되셔서 불우한 학생들에게 장학금을 주시는 훈훈한 할아버지가 되어 계시니 세월은 돌려놓을 수 없는 것인가.

지금 그분의 모습은 건설회사 사장님, 아니 노가다 우두머리의 모습은 간데없고 인자한 할아버지의 모습으로 미소를 담고 있었다.

지금은 사라져버린 군인휴양소, 깨끗하지 않았지만 훈훈함이 담겨 있던, 내가 마지막까지 함께 마무리를 한 건물이 사라진 그곳. 추억까지 부숴버린 그곳으로 나는 발걸음을 하고 싶지 않다. 내 마음이 이런데 계룡이란 거대한 군함을 만들어준 군인 휴양소가 사라진 그 노익장의 마음은 어떨까.

김복동 장군(將軍)의 한(恨)

현충일 날 대전시 복지과의 부탁으로 현충일 헌시를 낭송하려고 현충 원으로 가면서 문득 몇 년 전 4월 19일 날 돌아가신 김 장군 그분이 생각난다.

새벽잠에 꿈을 꾸는 듯 요란한 천둥소리가 들려 눈을 비비며 일어나 두리번거리고 있었다. 천둥소리가 아닌 휴대폰 벨소리다. 비몽사몽으로 전화기를 들었다.

"형님 초상집 안 가고 뭐 하능교?"

경상도 사투리가 귓전을 울린다. 모임을 함께 하는 유 사장이었다. 혹시 아는 분이 돌아가셨나? 우물거리고 있는데 다시 목소리에 다급함이 있었다.

"김 장군 님이 돌아가셨는데 뭐하고 있소!"

자기 집안 형님이 돌아가셨는데 뉴스도 못 보았냐며 다그친다. '무슨 말인가?' 얼마 전까지 신문기자와 인터뷰에 이번 국회의원 선거에 출마하지 않으시겠다고 하시던 말씀이 신문에 실려 있었는데. 아직은 떠나실 때가 아닌데! 우리집안의 기둥으로 나라에 필요한 사람으로 남아 있어야 되시는데. 당신의 가슴에 한을 풀지도 못하셨는데.

정신을 가다듬고 확인을 하기 위해 대구 조카에게 전화를 했다. 사실 이었다. 정말로 돌아가셔서 삼성병원에 눈을 감고 누워 계신다고. 근래에 건강은 안 좋으셔서 집에서 요양 중이셨지만 그렇게 쉽게 돌아가실 분이 아닌데….

1980년대로 돌아가 보고 싶은 기억이 되살아나 수레바퀴를 굴려보기로 하자.

대구시 수성구 만촌동 좁은 골목길에 빽빽하게 들어선 화환에서 국화꽃향기가 온 마을을 진동시키고 있었다. 골목 안집에 초상이 난 것이다 김 장군이 부친상을 당하셔서 군인들이 대문 앞에서 지키고 별판이 달린 군용 지프차가 여기저기 좁은 골목길에 세워져 있다. 집안에는 여기저기 자리를 깔고 상갓집에서만 볼 수 있는 화투판이 벌어지고 있다.

누가 누구인지 알 수가 없었다. 정복을 하고 별을 두 개를 단 장군 한 분이 대문을 열고 문상을 하기 위해 온 것 같다. 그러나 발길을 멈추고 마당에서 자리를 깔고 화투를 치는 사람들에게 부동자세로 경례를 한다.

"어! 이 장군 왔어?"

"예."

"들어가서 절하고 와."

별 두 개짜리 하늘의 별 따기라는 그 별 두 개를 보고 말을 놓아서하는 그들의 정체는 무엇일까? 궁금하던 의문이 풀린 것은 바로 그들의 대화 속에서 알 수가 있었다.

"야, 김 장군 일군사령관 연락 없어?"

"지금 오고 있대."

"그럼 일군사령관 별 네 개?"

집안은 별들의 모임장소처럼 하늘의 별보다 많은 별들이 있었다. 그처럼 김 장군은 군인의 모범이고 표상이었다. 빈소에는 대통령 최규하, 국무총리 신현학, 그리고 친구를 쓰러트린 국보위 의장 전두환의 화환이 놓여있었다.

'전두환 장군'

왜. 그는 참 군인으로 남고 싶어 하는 김 장군을 군인으로 남겨두지 안았을까? 정녕 김 장군을 적이라고 생각했는지, 내가 알기로는 김 장군은 정치에 욕심이 없었다. 군인으로 육군참모총장을 마치고 국방장관을 하는 것이 그의 목표인 줄 안다.

해마다 돌아가신 어른의 제사 때가 되면 나를 불러 "노가다 시인 잘되 어 가냐?' 이야기를 건네며 양주로 한을 풀던 그 모습! 그 가슴에는 끝내 달지 못한 별 네 개가 恨으로 남아 전두환이라는 친구에게 원망의 화살을 얼마나 쏘았을까.

김 장군 그는 누가 보아도 참 군인이셨다.

정치인이 아닌 군인으로 남기 위한 노력이 흐름에 역류하는 행동이 되어 군인으로 쌓은 공든 탑이 무너지게 되면서 친구들을 마음속으로 탓하며 마시던 독주가 건강을 해치셨던 것 같았다. 길이 아니면 가지를 않으시고 투철한 군인정신으로 살아오신 참 군인!

> 이제 여러분의 곁을 떠나야할 시간이 되었습니다.
>
> 조국을 위해 신명을 바치고 역사의 장으로 사라져간 선현을 따라 본인 또한 미련 없이 제복을 벗으려 합니다.
>
> 그러나 본인의 미래는 육사의 정신과 더불어 살아온 과거와 현재처럼 육사인으로서의 명예와 긍지를 지닌 진실된 삶이 될 것입니다.
>
> 다만 지금 한 가지 간절한 소망의 있다면, 그것은 여러분의 손으로 조국이 통일이 되고, 임진강 북방 일대의 광활한 평원에 민족의 사관학교가 세워진다면, 그때 그곳에서 백발이 성성한 본인이 여러분들의 후배들에게 화랑대 얼의 위대성과 청백대열의 한결같은 기개를 칭송하면서 옛이야기를 나누는 것입니다.
>
> 그동안 본인을 정성껏 보좌했던 많은 장병들과 전후방 각지에서 뜻을 같이 하여 일 해온 선배. 동기생. 그리고 후배 여러분들에게 감사드립니다.
>
> 여러분 감사합니다.
>
> --육사교장 퇴임식 이임사 중에서--
>
> — 「김복동 어록」 중에서

전국 어디에서나 그분을 아끼던 부하들이 하는 말! 김 장군 님은 정말로 훌륭한 군인이고 자상한 분이셨다고, 군 생활에 있었던 일화를 이야기한다.

"나는 너를 믿는다."

얼마나 부하를 사랑하고 믿었기에 그런 말을 하셨을까? 전역하는 장병들이나 사병들을 자기 자리에 세워놓고 경례를 붙여주며 눈시울 적셔주시던 여린 마음이셨다는 이야기를 하면서 그의 부하였던 것을 자랑으로 생각하는 사람들…. 지금 어떤 군인이 그만큼 존경을 받았을까. 그들의 가슴도 어느 하늘아래서 찢어지도록 아프겠지.

육군사관학교 교장을 친구들의 배신으로 전역하던 날 사병이 태워주던 무등 위에서 가슴아파하며 눈물 흘리셨다는 말, 그때 무등을 태워드렸다는 사병을 만났다. 김상호 병장 지금도 그는 김 장군을 하늘처럼 좋아하고 있었다.

마음을 가다듬고 서울삼성의료원으로 가는데 고속버스가 왜 그리 거북인지. 강남에 도착하여 전철을 타고 삼성의료원 장례식장 501호 그곳에는 별이 떨어진 슬픔이 담겨 있었다.

사랑하는 불자의 독경소리가 모두의 가슴속을 울리고 있었다. 여기저기 옛날 친구 부하 후배들. 보이지는 않지만 수 없는 별을 단 장군들이 김 장군의 마지막 떠나는 길을 아쉬워하며 눈시울을 적시고들 있었다.

수많은 국회의원들의 모습들도 보인다. 노 전 대통령도 친구이자

처남을 보내는 아픔에 내내 눈시울을 적시고 있었다. 하얗게 줄서 있는 국화꽃화환 대통령 국회의장 국무총리 그리고 그렇게도 권력의 욕심 때문에 가까운 친구 장군을 힘들게 했던 전두환 전 대통령도 다녀갔단다. 친구를 보내는 마음은 어땠을까?

국회장을 치르기 위해 떠나려는 아침, 슬픔의 눈물처럼 비가 내려 하늘로 떠나는 님을 전송하고 여의도국회의사당 앞마당에 마련된 영결식장은 빗속에 젖어있었다. 국회의원회관 504호, 마지막 떠나는 그의 국회의원 김복동이란 명패도 주인을 보내는 것이 아쉬운 듯 머뭇거리고 그의 영정에서도 아픈 눈물이 흐르고 있었다.

비 때문에 밖에서 못 치르고 의사당 안으로 옮겨 마련된 영결식장, 많은 의원님들이 애도하고 박준규 의장의 영결사, 참 군인으로 정직한 정치인으로 영원히 기억하겠다는 말씀, 김종필 명예 총재의 노안에도 눈물이 고여 말씀을 더듬는다.

경북 청송에서 태어나 육군 중장으로 예편하기까지 30년 군인으로서 자신의 목숨을 국가에 의탁 하셨다는 말. 이미 내 목숨은 50 년 전 육사에 몸담으면서부터 국가에 맡긴 목숨이라고 했고, 군 지휘관시절 〈나는 너를 믿는다〉 구호 하나로 최우수 부대를 만들었다는 말씀을 하시며 목이 메던 노 정치인.

장례식은 끝나고 국회를 한 바퀴 돌아 두 시간의 여행 후 대전 현충원에 도착하자 빗줄기까지 멈추고 국화꽃 속에 묻힌 인자한 영정의 모습, 이제 아픔과 원망 그리고 아쉬움을 남기고, 참 군인으로 살다간 그를 아직도 잊지 못해 찾아오는 부하, 그리고 지인들의 참배를 받으며 장군묘역에 묻혀 이 나라 참 군인과 참 정치인을 지켜보신다. 모두들 잘하라고….

이제는 떠나자
가슴에 담은 한
모두에게 남겨 두고

하얀 마음으로 하늘로 승천하소서. 당신의 이름을 깨끗하고 아름다음으로 남기고….

해마다 6월 6일 현충일이 되면 헌시낭송을 부탁 받고 대전국립묘지 현충원에서 시낭송을 하면서 장군 형님의 명복을 함께 빌고 있다. 그를 존경하는 마음으로.

묻지마 관광

"새벽 7시"

휴대폰이 시끄럽게 울린다.

"형님 장소가 변경되었어요."

"그래 어디야!"

버스정류장에서 버스를 기다리던 나는 모임에서 가을놀이를 간다고, 관광차를 타는 장소가 바뀌었다고 연락이 온 것이다.

몇 명 안 되는 회원이라서 관광 여행사에 의뢰를 해서 하루를 즐기다오자고 지난 모임 때 약속을 했었다. 그래서 아침 일찍 식사도 거르고 총무가 이야기하는 곳으로 버스를 타고 가고 있었다. 오랜만에 시내버스에 올라보니 이 차가 어디로 가는 것인지, 그리고 차비가 얼마인지를 몰라 동전을 여러 개 준비하고 차에 올랐다.

승용차를 가지고 다니다 버스를 타니 나도 모르게 길눈이 어두워진다. 신호등 몇 개를 지나고 버스 정류장에서 내렸다. 저만치 계원 하나가 서 있다.

"그곳이 아니래."

그 친구는 나를 바라보면서 다가와 "어디래!" 한참을 기다렸는지 짜증스런 얼굴이다. 변경된 장소를 연락 받지 못했나보다.

"여행사 앞이래!"

미끈하게 생긴 관광버스가 기다리고 있었다. 여행사 안을 들여다보니 우리 회원들이 모닝커피를 먹고 있었다. 반갑다는 듯 인사를 하고 버스에 오르면서 어디로 가는 거냐? 행선지도 모르고 그냥 나오라는 대로 나왔으니 행선지를 물었다.

"주문진으로 갑니다."

광광 버스 가이드의 대답이다. 버스 안에는 벌써 사람들이 가득 타고 있었다. 쳐다보는 눈길을 피해 자리를 찾아 앉았다. 삼십여 명의 여자들이 시끄럽게 이야기를 나누며 "아저씨 이리 와요" 뒤에 오던 총무의 앞을 가로막고 나이가 듬직한 할머니가 손을 잡는다.

마지못해 자리에 앉은 총무가 눈짓을 하며 고개를 젓는다. 마음에 안 든다는 것이다. 하기야 사십대를 육십 대가 손을 잡으니 아닐 테지, 돌아다보니 다른 여자 분들도 모두 육십 대다. 한 녀석이 귓속말로 "형님 효도 관광이네!" 이 친구들 마음이 조금은 그런가보다. "야, 어차피 왔으니 즐겁게 여행을 하자." 고속도로에 올라서자 운전 가사가 자기소개를 하고 "오늘 여러분을 모시고 무사히 다녀오겠습니다!" 박수를 유도한다. 짝짝짝 박수를 받은 기사는 다시 설명이다.

"오늘 이차에는 다섯 팀이 탔습니다. 여자분들 네 팀, 남자 분들 한 팀입니다."

능청스러운 운전사는 오늘 남자 분들은 조금은 늙었지만 꽃밭에서 놀겠습니다. 그러자 "늙기는 왜 늙어 아직 영계야." 차안은 한바탕 웃음바다가 된다. 기사는 그러면서 각 팀에서 회장님들이 나와 인사를 하란다.

"만나서 반갑습니다. 오늘 하루 한배를 탔으니 아무사고 없이 잘 놀다 옵시다."

똑같은 인사말들이다 한차를 탔다는 말이 한배로 탔다고 한다. 관광차가 배가 되어 바다를 달리는 기분이다. 차창 밖에는 시리도록 파란 하늘아래 가을로 가는 열차가 주황색 물감을 들이며 산비탈을 내려오고 있었다. 들녘에는 언제 장마 비가 지나갔는지 누런 알곡이 매달린 벼들이 고개 숙이고 허수아비 두 팔 벌리고 바람 불러 참새 때를 쫓고 있다.

차안에는 벌써 음식을 돌리고 있었다. 아침식사를 못하고 오는지라 여행사에서 간단하게 아침을 준비 해 왔다. 일찍 떠나기에 식사도 못하고 와서 주는 밥을 먹으며 뭐 좋은 일이라고 누가 억지로 시키면 새벽에 이 짓을 할까? 식사가 끝나자 소주 없냐고 누군가가 소리친다. 벌써부터 술을 찾으니 오늘하루가 '묻지 마'가 시작되는가 보다.

'묻지 마!' 차를 타고 여행을 떠나서 돌아오는 시간까지 누구냐고 묻지도 말고 말하지도 말고 즐겁게 놀다오자는 것이 유래가 되어 묻지

마 관광이란 말이 생겼단다.

술잔이 한 바퀴 돌자 시끄러운 음악소리가 들린다. 술기가 돌지도 안았는데 아주머니들이 버스통로 로 나와 엉덩이를 흔든다. 한 풀이라도 하듯이 집안에서 받은 스트레스를 이곳에서 풀어버리려는 듯 어깨를 흔든다. 묻지 마 관광 춤을 춘다.

차는 중부고속도로를 지나 영동고속도로를 달리고 있었다. 강원도 길. 산도 높고 계곡도 깊은 골짜기들이 차창 밖으로 지나간다. 얼마를 왔는지 차 속의 음악소리가 멈춰지고 기사의 목소리가 들린다. 휴게소에 왔으니 화장실 다녀오시고 강원도 공기를 마음껏 마시란다.

진 고개 휴게소 잠시 차에서 내려 마음껏 맑은 공기를 마신다.

'미련 없이 내뿜는 담배 연기 속에 아련히 떠오르는 그 여인의 얼굴을…'

최희준의 노래 진 고개 신사 노래가 머릿속을 거쳐 입에서 흥얼거린다.누군가와 함께 오고 싶은 마음이 가슴으로 느껴진다. 버스는 다시 산길을 내려가고 기사의 목소리가 여기서부터는 산길이 험해서 사고도 많이 나는 곳이니 조심을 해야 하니까, 조용해. 창밖에 경치를 구경하십시오.

창밖에는 언제부터 변했는지 누런 잎새가 가지 끝에서 바람의 손길을 두려워하며 매달려 있었다. 바라보는 우리는 고운 색깔의 잎새를 보고 탄성을 지르지만 마지막 손을 놓지 않으려는 잎새의 몸부림을 알기나 할까?

낙엽의 아픔을 달래주고픈 마음에 글을 적어본다.

그대는
낙엽의 마지막 목졸림의
갈증을 아느냐?

저린 가지 끝에 매달려
힘없이 떨어지는 고통을
그대는 아느냐?

노을빛에
붉은 피로 물든
무거운 옷 벗어 던지려는
나무의 심술
작은 빗방울에도 숨죽이는 두려움

쉰 바람에 속삭임 없이
하나씩 던져주는 노란 손수건
그리고 피 묻은 빨간 손수건

그대는 아느냐
가을이 이별 앞에 떨구는
피멍든 잎새를
그대는 주을 수 있느냐?
—졸시 「낙엽」

얼마를 내려왔는지 이정표에 걸린 이름이 보인다. '소금강' 아름다운 바위들이 병풍처럼 둘러쳐져 있는 한 폭의 산수화가 그려져 있는 곳이다. 우리가 탄 버스는 그곳으로 가지 않고 바다 쪽으로 간다. 산중턱 큰길 옆에 있는 휴게소 겸 식당에 내렸다. 시끄러운 음악소리가 술 취한 관광객의 어깨를 들썩이게 한다.

운전기사의 연락을 미리 받았는지 상위에는 음식이 기다리고 있었다. "산채 비빔밥" 아침을 거른 사람들이라 모두가 정신없이 식사를 한다. 식사를 마치고 따뜻한 커피 한잔으로 후식을 하고 잠시 휴식을 취하고 다시 차에 올랐다.

"이제 길이 좋으니 음악을 틀겠습니다."

기사는 시끄러운 디스코 멜로디를 틀어놓는다. 기다렸다는 듯이 여인들의 한풀이가 다시 시작된다. 지금까지 점잖게 앉아있던 여인도 친구의 끌림을 못이기는 체하고 엉덩이를 흔들며 얼굴 가득 웃음을 머금는다. 남녀칠세부동석의 단어는 사라지고 옷깃이 스치고 손과 손이 마주 잡혀 허공에다 그림을 그린다. 음악소리는 제철을 만난 듯 여인들의 몸놀림 속으로 파고들어 흔들거린다.

홍에 겨운 여인들의 열기를 식히기라도 하듯 음악이 멈춘다. 잠시 구경거리가 있다는 운전기사의 소리를 뒤로하고 차에서 내리니 나무판에 쓴 이름 휴휴암(休休庵) 쉴 휴가 둘씩이나 있는 절 이름이다. 작은 언덕을 넘어 서니 끝도 없는 바다가 파란얼굴로 기다리고 있었다. 가슴을 열고 한 웅큼 바닷바람을 마시고 절 마당으로 내려갔다. 어디에도 볼 수 없는 대웅전 부처님 등에 날개를 달고 계신 모습이다.

사람들을 따라 바다로 내려갔다 그곳에는 비구스님이 무언가 설명을 하고 있었다. 바닷가에 있는 바위가 달마부처님 모습도 있고 누워 계신 관음 부처님 도 계신다고 설명을 한다 무심코 볼 때는 몰랐지만 설명을 듣고 나니 맞는 말이다. 누가 그 이름을 붙였을까?

점심 먹은 것이 소화가 다되고 배가 출출 해오자 다른 사람들도 같은 생각인지 이제 그만 바닷가로 가서 회를 먹자고 소리친다. 차는 출발하고 바다를 바라보며 십 여분, '어서 오십시오 주문진입니다.' 기다리는 사람을 마중하듯이 반기는 잎 간판 차는 정류장에 서고 각자 모임들은 따로 따로 흩어져 간다. 우리는 바닷가 어시장으로 가서 싱싱한 회를 먹기로 했다. 시장어귀에 들어서자 "오징어가 열 마리 만원입니다" 음식점 사람들이 길을 막는다.

여기저기 싱싱한 오징어가 물속에서 헤엄치며 도마 위에 올라갈 시간을 기다리고 있었다. 주검의 시간을 예약한 줄도 모르고! 우리는 의자에 앉아 주문을 한다 오징어 만원 어치 하고요 잡어 삼만 원어치만 해주세요.

"예" 알았습니다."

주인은 거물 같은 것으로 오징어를 잡아넣는다. 사내들은 소주 한잔에 오징어 회를 먹으며 오늘을 즐기고 있었다. 얼근해진 친구들은 집에 있는 가족이 생각나는지 슬금슬금 자리를 뜬다. 한참 만에 돌아온 그들의 손에는 하얀 스치로폴 통이 들려 있었다. "그게 뭐냐?" 집에 가져갈 대게를 샀단다. 그러자 다른 친구들도 일어선다. 나도 모르게 나도 함께 따라가고 있었다.

"네 마리에 오만 원이요."

상인은 쳐다보며 싸게 주는 것처럼 퉁명스럽다.

"두 마리에 이만 원!"

같이 간 친구가 흥정을 한다.

"안돼요."

상인은 밑지고 팔 수 없단다. 여러 마리 살 거예요, 한 사람만 산다고 생각했다가 모두 산다니까 고개를 끼우뚱하다가 스치로폴 통 장사를 부른다. 통 값은 별도예요. 플라스틱 통속에 가득 담겨있던 대게가 모두 사라졌다.

손에 무언가 들고 간다는 건 좋은 일이지! 시간은 네 시! 운전사가 돌아오라던 시간이다. 비틀거리는 발걸음으로 손에 무엇인가 들고 주차장으로 가는 남자들의 모습 모두가 가정적인 남편들이다.

버스는 벌써 시동을 걸고 매연을 뿜어내며 기다리고 있었다. 주문진을 뒤로하고 차는 어둠속 대전을 향해 달려가고 있었다. 가끔 불빛 속에 보이는 이정표가 길을 알려주고 얼근하게 술을 하신 여인들은 차가 떠나기 무섭게 소리를 질렀다.

"기사님 음악을 틀어요!"

"음식들 잘 드셨습니까? 그럼 지금부터 묻지마 관광나이트를 시작하겠습니다. 집에 가서 후회하지 마시고 모든 스트레스를 풀고 가십시오."

기사의 농담 섞인 목소리가 음악소리 속으로 사라지고 어둠 속을 달려가는 나이트클럽 그 속에는 술에 취하고 쌓인 스트레스를 푸는 광란에 몸부림이 땀을 흘리며 흔들고 있다. 여인도 사내도 아무것도 묻지 말아요. 오늘 이후로 어디에서 만나더라도 모르는 묻지만 관광 하루살이 이니까요.

차는 대전 톨게이트를 들어서고 땀 냄새 화장냄새가 범벅이던 주문진 묻지만 관광은 손 흔들며 내리는 그들의 손끝 위로 허공 속으로 사라진다.

그날 그곳에 6.25

그 날 내가 사는 상주에서는 온통 읍내가 혼란스러웠다. 겨우 엄마 손을 잡고 읍내 장터에 나갈 나이였지만 총명했던 나는 기억 속에서 6.25 사변의 이야기를 꺼내 놓을 수 있었다.

멀리서 총성이 들리고 비행기가 저공비행을 하며 사람들에게 겁을 주며 날아다니고 신작로에는 많은 사람들이 소달구지에 살림을 싣고 아이들을 태우고 피난길을 가고 있었다. 소달구지가 없는 집에서는 등에 업고 머리에 이고 수레를 끌며 매달리는 손 놓칠세라 부르튼 발길로 떠나는 피난길 재촉하고 있었다.

그 시절 모든 물건이 귀하든 시절이라 아이나 어른이나 타이아표 검정 고무신을 신고 사는 세상이었다. 피난길이 멀어지고 오래 걷다보면 발뒤꿈치가 벗겨져 검정고무신에 핏물 흥건히 고였지만 걸음을 멈출 수가 없었다.

걷고 걷기를 이틀 우리는 선산 낙동강 주변까지 걸어갈 수가 있었다. 뙤약볕에 그을린 낙동강 목마른 갈증 때문에 강물마저 줄어 있었다.

나는 아버지 목말을 타고 누나는 어깨 위에 올라앉아 먼저 강을 건너온 누나와 나는 강가모래사장에 작은 웅덩이 파고 고사리 손으로 피라미 잡아넣고 모래성도 쌓으며 강 건너 다른 식구들을 데리려 가신 아버지를 기다리고 있었다.

한참을 기다려서 어머니와 동생들을 데리고 건너오신 아버지와 우린 강둑 넘어 아늑한 곳에 자리를 잡았다. 여기저기서 피난 온 사람들이 웅성거리고 미군들의 비행기 B29 소리에 놀라 잃어버린 엄마 찾는 어린아이의 목소리가 여울 뒤로 밀려갔다.

어린 자식 목말 태우고 강물 건너던 어느 아버지 겨드랑 사이로 인민군 따발총 소리, 미군들이 비행기에서 쏟아 붓는 기관총 소리, 스쳐가고 있었다.

빨갱이들에게 밀려 내려오는 국군들이 강을 건너는지 멀리서 대포소리가 들리면 강물은 용솟음치며 물 화산을 만든다. 미군이 쏘아대는 폭탄도 이북 빨갱이 놈들이 쏘아대는 대포도 강물위로 떨어진다. 그러면 애꿎은 피난민들만 폭탄 맞아 강물 위에 시체가 되어 둥둥 떠내려간다.

강물 붉게 물들고 피멍든 강물 위로 총알 맞은 영혼 잃은 육신들이 떠내려가고 있었다. 밤이 되면 고요와 적막이 흐르고 유월 무더위 풀

숲에는 유난히도 모기가 극성을 부렸다. 그곳에서 극성스런 모기떼 쫓으시려 모깃불 피우시던 그 아저씨 불빛을 보고 쏘아대는 어둠을 가르는 따발총소리에 영혼은 연기처럼 하늘로 승천하고 빈 껍질 육신으로 남아 그 아내 자식 울부짖는 아우성을 듣고 계셨다. 밭 기슭 언덕 뽕나무 아래 총을 맞아 구멍 난 붉은 가슴을 손으로 막고 살려 달라 애걸하시던 그 할머니. 피투성이 모습이 어린 내 가슴에서 지워지지 않고 남아 지금도 궁금하다. 혹시 이승에 더 머물다 가셨는지 저승길 바로 가셨는지….

그 날 그곳에는
강물마저 찢기어
붉게 흐르고
밤마다 잠들지 못하는
이름 모를
영혼들의 울부짖음이
메아리로 돌아오는데
가고 없는 목소리들이
귓전에서 웅성거립니다.
아버지 딸을 찾고
어머니 아들 찾는 목소리
허공 위에 맴돌다
폭탄소리에 묻혀 들리지 않는데
그 날 그곳에서

모두를 잃어버리고
찾으려는 발걸음은
지금도 가로등 켜진
어느 모퉁이를 돌고 있습니다.
오늘 그곳
철길 위에 기적소리

강물 거슬러 오르내리며
아직도
풀지 못한 원한에
울부짖고 있습니다.
—졸시 「그날 낙동강에는」

숱한 세월은 수레바퀴처럼 굴러 머리는 희어지고 이마에 주름의 골은 깊어 가는데 그때 헤어진 사람을 찾는 이산가족 찾기가 온 나라를 떠들썩하게 하고 '비가 오나 눈이 오나 바람이 부나' 귀 속에 딱지가 앉도록 들리던 설운도의 잃어버린 삼십년이 아직도 방송을 통해 가끔 들리고 있으니, 전쟁의 아픔을 모르는 이 시대를 사는 젊은이들은 얼마나 행운일까 하는 생각을 해본다.

도깨비 빗자루

밤새도록 친구네 집은 소란스러웠다. 어제 장날 시장에 가신다고 나가신 아버지가 소식 없이 돌아오시지를 않으셨다는 것이었다. 온 동네가 시끄러운데 그 어른께서는 반나절이 다되어서 흰 바지저고리가 흙투성이가 되시고 얼굴이 하얗게 질린 초죽음 상태가 되셔서 마을 어귀에 들어서신 것이었다.

친구의 어머님은 눈물을 글썽이며 어떻게 된 일이시냐고 걱정하는 얼굴로 부축하여 모시고 갔다.

평소에 술을 좋아하시기는 하였어도 누구에게도 주정을 하시거나 불편스럽게 행동하시는 어른이 아니고 늘 깨끗한 어른이셨는데 혹시 약주를 과하게 드셔서 집에 오시기 불편한 걸음이라 외박을 하셨나, 마을 사람들의 수군거리는 소리도 못 들은 척 그 어른은 며칠째 집에 누워 계셨다. 요새 아이들 말로 방콕을 하고 계시면서 음식도 제대로 드시지 않고 방안에만 누워계시니 친구 분들이나 동네어른 아이 할 것

없이 병문안을 하게 하셨다. 그런데 병문안 다녀오신 어른들 말씀이 꼭 도깨비에 홀린 사람처럼 넋 나간 모습을 하고 계신다는 이야기를 귀동냥으로 들을 수 있었다. 무슨 큰 병을 앓고 계신 것은 아닌가, 궁금증은 더해가고 날짜는 계속 흘러갔다.

그 시절 가끔은 시골이라 그런지 그리고 1960년대 세월이 가난하던 시절 미군들이 〈쓰리고다〉 지금으로 말하면 지프 트럭을 타고 읍내를 지나갔다. 아이들이 따라다니며 말도 안 되는 영어를 지껄이면 그들이 던져주는 껌 하나를 씹다가 땅바닥에 떨어져 흙이 묻어도 툭툭 털어 다시 입에 넣고 하루 종일 씹다가 벽에 붙여두었다. 다시 때어 씹기를 며칠, 그렇게 허기를 채우던 시절, 소설 속에서나 나올 법한 도깨비불이 깊은 밤중에 마을을 돌아다닌다는 이야기가 있던 시절이었으니….

그러고 얼마를 지났나? 그 어른의 이야기가 잊혀지려는 어느 날, 마을 사랑방에 초췌한 모습으로 몸을 추슬러 나오신 그 어른의 말씀을 듣는 이의 눈은 휘둥그레졌다.

그날 저녁 술이 거나 하게 취해 장에 다녀오는 길 방천을 넘어오는데 길을 가로 막는 하얀 옷을 입은 예쁜 처녀를 만나게 되셨다는 것이다. 취중에 보이는 그녀가 하자는 대로 손을 붙잡고 밤새도록 돌아다니셨다는 것이었다.

귀신에게 홀렸다는 소문은 있었지만 그 어른의 말씀이 더욱 흥미롭고 재미가 있었다. 당신께서 얼마나 헤매고 다니셨는지 도랑에 빠지시

기도 하고 냇물도 건너시고 아침 첫닭이 울고 동이 환하게 밝아올 때까지 그 여인과 다니셨다는 것이다. 날이 밝아 정신을 차리시고 술이 깨어보니 마을에서 수십 리 떨어진 곳에 가 계시더라는 것이다.

그런데 밤새 손을 잡고 함께 다녔던 예쁜 처녀는 온데간데없고 손에는 다 닳아 쓰지 못해서 내다버린 몽당 빗자루가 손에 잡혀 있었다는 것이다. 그러니까 몽당 빗자루가 그 처녀였고 처녀인 줄 알고 함께 붙잡고 다녔던 것이다.

예로부터 아낙네들이 아궁이 앞에서 불을 땔 때 부엌에서 쓰는 빗자루를 깔고 앉아 불을 집히다보니 매월 하는 여인들의 치레 때 묻은 것이 도깨비 빗자루가 된다는 동네 어른들의 말씀이 계셨다. 그러기에 부엌에서 쓰는 빗자루는 함부로 내다버리지 말고 아궁이에 태우라고 말씀하셨던 것 같다.

친구아버님과 밤새도록 데이트를 한 몽당 빗자루는 어느 집에서 다 닳아 작아진 것을 아궁이에 넣지 않고 거름더미 같은 곳에 버린 것을 동네 개들이 물고 다니다가 논두렁이나 밭두렁에 놓고 온 것이었나 보다.

그렇게 한동안 동네를 떠들썩하게 했던 도깨비 이야기는 세월 속에 묻히고 도깨비불 이야기와 함께 고향마을의 추억이 가슴에 담겨, 지금은 모두 이 세상을 떠나신 분들의 이야기를 이렇게 적고 있다.

고향 길

"야, 동아.

네 조카가 시골집에 원두막을 짓는다는데 기둥을 세우면 넘어지고, 세우면 또 넘어진다는데, 기술이 없어 그러니 한번 와서 일러주고 가거라."

한동안 소식이 없으시던 누님의 전화 목소리다. 오랜만에 들어보는 구수한 사투리 속에서 고향의 내음을 느끼며 아침 일찍 누님께서 찾으시는 핑계를 삼아 오랜만에 고향에 가기로 하고 준비를 하는 마음이 들떠있었다. 가끔 찾아가는 곳이지만 오늘은 새삼스럽다.

예전에는 늘 내가 할 수 있는 일이기에 큰집 작은집 다니며 집도 지어주고 집수리도 해주고 하던 일이 생각 나셨는지 누님의 부탁이 간절하셨다. 누님 덕에 한동안 가지 않았던 고향을 가려고 생각하니 우선 어떤 길로 갈까 고속도로로 가서 김천에서 국도로 갈까 아니면 경치가 아름다운 속리산 옆길로 화북 고개를 넘어갈까?

생각 끝에 우선 가는 길은 고속도로를 이용하기로 마음을 정하고 집을 나섰다. 대전이라는 문패를 단 대문을 들어서 고속도로 위에 올라서니 가슴이 확 트이는 느낌이다. 도시 의 콘크리트 빙벽 사이를 비좁게 피해 자신의 그림자를 달고 다니며 분주했든 찌든 마음을 씻어내는 기분이다.

빠르게 달려가는 자동차 차창 밖으로 자연의 풍경화 그림이 스쳐가고 나뭇가지에는 어느새 봄의 내음 때문인지 풋풋한 향기가 솟아나고 푸릇한 물기가 올라와 촉촉한 느낌이 느껴온다. 여기저기 고향냄새가 담겨있는 마을들이 평화롭게 놓여있다. 추풍령 휴게소에 잠시 들려 따뜻한 커피 한잔을 마시고 길을 재촉했다.

한 시간을 달려와 김천 의 대문을 들어섰다 요금 삼천 원을 내고 고속도로를 뒤로하고 국도로 들어서니 이제 고향 가는 시골길이다.

보리밭 사이로
길은 누워있고

고향으로
손짓하는 아이는

앞마당에 늘려있는
그리움에 운다.

구름 피해

길 위로 쏟아지는 햇살

오늘도
길섶에 놓인
그림자를 지우네.

농부들이 분주하게 농사준비를 위해 논둑길을 돌아다니며 삽질을 하고 있다 봄이 와 있음을 땅이 알려주고 있는 것이다. 여기저기 논둑 태우는 연기가 하늘로 꼬리를 늘어트리며 승천한다. 혹시 산으로 옮겨 붙어 산불이 나지 않을까 두려운 마음에 두리번거리며 찾아보니 마을 사람이 막대기를 들고 서있다.

괜한 걱정을 했나? 풀잎 타는 냄새가 코끝에 와 닿으니 예전 학창시절 학교 가는 길목 방천 둑을 태우며 언 손을 녹이던 시절이 생각난다. 차창 밖으로 스쳐가는 이정표들 아천. 두원. 옥산. 청리. 너무도 정겨운 마을 이름들이다.

상주(尙州) 이곳은 그리움이 가득 담겨져 있는 그 이름 내 고향이다. 산 아래 사직단(낙양리), 내가 자란 내 마음의 詩의 고향, 향수의 무대, 잠시 주춤거리며 창밖으로 구수한 냄새를 맡아본다. 푸성귀 나물 캐던 방천 뚝 그곳….

바쁜 길 누님이 기다리시는 곳부터 다녀오기로 하고 누님 계신 함창으로 가는 길을 재촉했다. 상주 함창 공갈 못에… 라는 옛 노랫소리가 들리는 듯하다. 언제부터 개통되었는지 널따란 아스팔트 길 이정표가 초록 얼굴로 길을 가리킨다. '함창'이라는 이름표를 단 이정표가 반가운 미소로 눈앞에 와 서있다.

수다스런 누님의 목소리가 들리는 듯 시골길로 접어들어 논두렁 밭두렁 길을 달려가니 시골에서나 맡을 수 있는 쇠똥냄새 향수처럼 코끝에 와 닿는다.

"얼른 와라. 길은 막히지 않았니? 얼굴 좋아졌구나."

어머님 같은 누님의 따뜻한 목소리가 앞마당을 지나 문을 밀치고 달려 나오신다.

온 것만큼
돌아가고픈 그곳
아지랑이 피는
내 고향 방천 둑에
푸성귀 나물 캐는
우리 마을 새악씨
손 흔들며
기다리는 곳

그곳으로 언제나 내 마음이 달려가고 있다.

칠보 십장생

김명동 에세이

발 행 일 | 2015년 5월 15일
지 은 이 | 김명동
발 행 인 | 李憲錫
발 행 처 | 오늘의문학사
출판등록 | 제55호(1993년 6월 23일)
주　　소 | 대전광역시 동구 대전로 867번길 52(삼성동 한밭오피스텔 401호)
전화번호 | (042)624-2980
팩시밀리 | (042)628-2983
홈페이지 | http://www.lito77.co.kr(홈페이지)
전자우편 | hs2980@hanmail.net

공 급 처 | 한국출판협동조합
주문전화 | (070)7119-1741~2
팩시밀리 | (031)944-8234~6

ISBN 978-89-5669-680-5　03810
값 10,000원

* 이 도서의 국립중앙도서관 출판예정도서목록(CIP)은 서지정보유통지원시스템 홈페이지(http://seoji.nl.go.kr)와 가자료공동목록시스템(http://www.nl.go.kr/kolisnet)에서 이용하실 수 있습니다.(CIP제어번호: CIP2015013025)
* 이 책은 ㈜교보문고에서 E-Book(전자책)으로 제작 · 판매합니다.
* 잘못 제작된 책은 바꾸어 드립니다.